σχολείο - colegio   2
ταξίδι - viaje   5
μεταφορά - transporte   8
πόλη - ciudad   10
τοπίο - paisaje   14
εστιατόριο - restaurante   17
σούπερ μάρκετ - supermercado   20
ποτά - bebidas   22
φαγητό - comida   23
αγρόκτημα - granja   27
σπίτι - casa   31
σαλόνι - living   33
κουζίνα - cocina   35
μπάνιο - baño   38
παιδικό δωμάτιο - cuarto de los chicos   42
ρούχα - ropa   44
γραφείο - oficina   49
οικονομία - economía   51
επαγγέλματα - ocupaciones   53
εργαλεία - herramientas   56
μουσικά όργανα - instrumentos musicales   57
ζωολογικός κήπος - zoológico   59
αθλήματα - deportes   62
δραστηριότητες - actividades   63
οικογένεια - familia   67
σώμα - cuerpo   68
νοσοκομείο - hospital   72
έκτακτη ανάγκη - emergencia   76
Γη - Tierra   77
ρολόι - reloj   79
εβδομάδα - semana   80
έτος - año   81
σχήματα - formas   83
χρώματα - colores   84
αντίθετα - opuestos   85
αριθμοί - números   88
γλώσσες - idiomas   90
ποιος / τι / πως - quién / qué / cómo   91
που - dónde   92

Impressum
Verlag: BABADADA GmbH, Nedderfeld 112 , 22529 Hamburg
Geschäftsführer / Verlagsleitung: Harald Hof
Druck: Books on Demand GmbH, In de Tarpen 42, 22848 Norderstedt

Imprint
Publisher: BABADADA GmbH, Nedderfeld 112 , 22529 Hamburg, Germany
Managing Director / Publishing direction: Harald Hof
Print: Books on Demand GmbH, In de Tarpen 42, 22848 Norderstedt

σχολείο
colegio

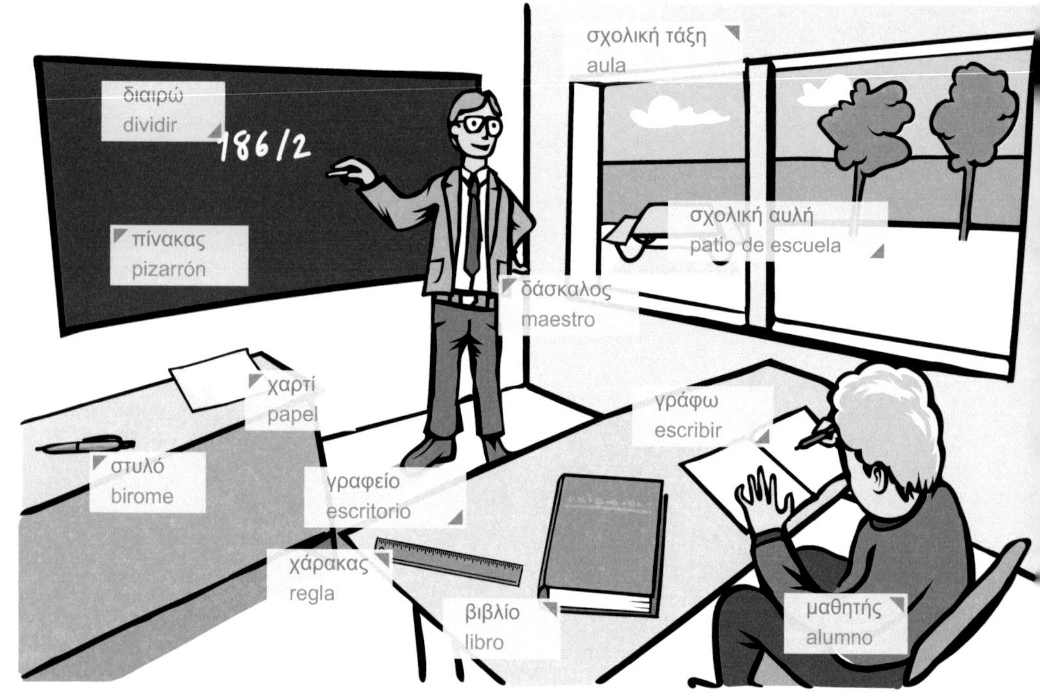

σχολική τάξη
aula
διαιρώ
dividir
186/2
πίνακας
pizarrón
σχολική αυλή
patio de escuela
δάσκαλος
maestro
χαρτί
papel
γράφω
escribir
στυλό
birome
γραφείο
escritorio
χάρακας
regla
βιβλίο
libro
μαθητής
alumno

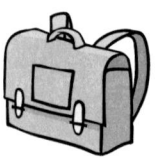

σχολική τσάντα

mochila

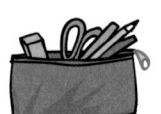

κασετίνα/ μολυβοθήκη

caja de lápices

μολύβι

lápiz

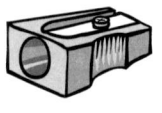

ξύστρα

sacapuntas

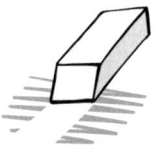

γόμα

goma (de borrar)

μπλοκ ζωγραφικής

bloc de dibujo

ζωγραφική
dibujo

πινέλο
pincel

κουτί χρωμάτων
caja de pinturas

ψαλίδι
tijera

κόλλα
pegamento

τετράδιο ασκήσεων
cuaderno de ejercicios

εργασία για το σπίτι
tarea

αριθμός
número

προσθέτω
sumar

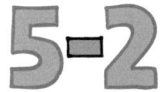

αφαιρώ
restar

πολλαπλασιάζω
multiplicar

υπολογίζω
calcular

γράμμα
letra

αλφάβητο
abecedario

λέξη
palabra

κείμενο

texto

διαβάζω

leer

κιμωλία

tiza

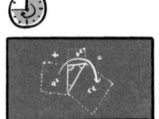

μάθημα

lección

εγγράφομαι

cuaderno de clase

τεστ

examen

πιστοποιητικό

certificado

μαθητική στολή

uniforme escolar

εκπαίδευση

educación

εγκυκλοπαίδεια

enciclopedia

πανεπιστήμιο

universidad

μικροσκόπιο

microscopio

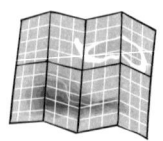

χάρτης

mapa

καλάθι αχρήστων

tacho (de basura)

ταξίδι
viaje

ξενοδοχείο
hotel
Grand
ξενώνας
hostel
ROOMS
EXCHANGE
ανταλλακτήρια συναλλάγματος
casa de cambio
βαλίτσα
valija
αυτοκίνητο
auto

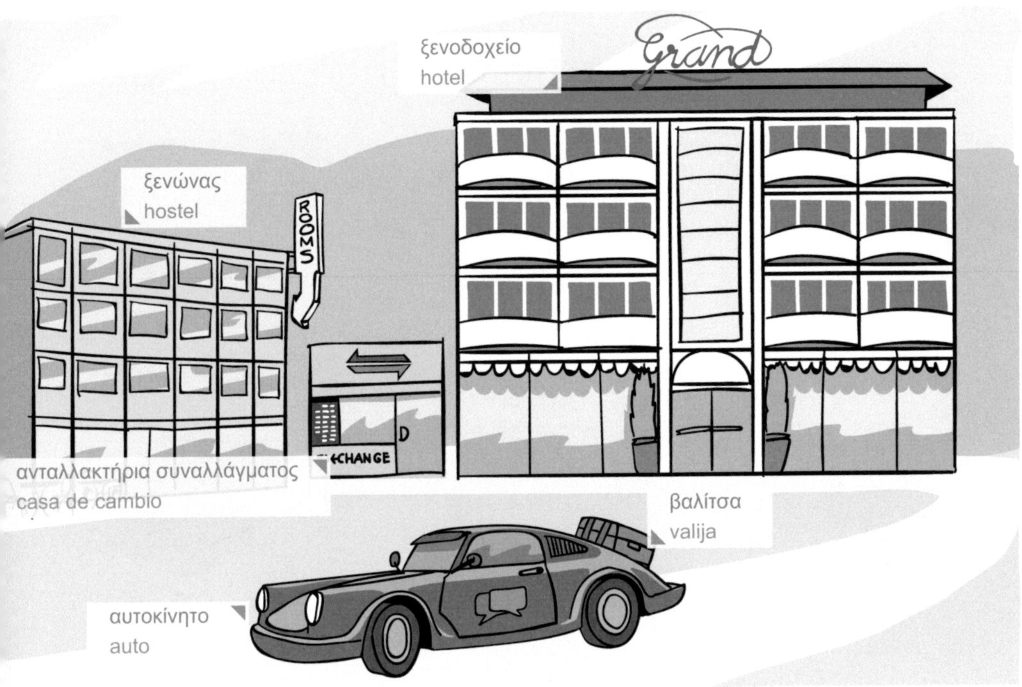

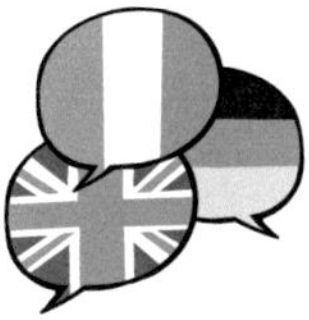

γλώσσα

idioma

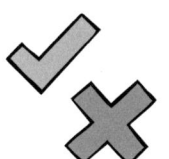

ναι / όχι

sí / no

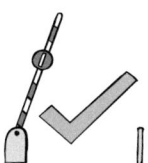

εντάξει

Está bien

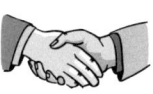

γεια σου

hola

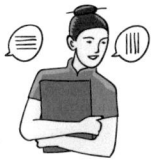

μεταφραστής

traductor

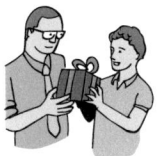

Ευχαριστώ

Gracias

πόσο κάνει ;

¿cuánto cuesta…?

Δε καταλαβαίνω

No entiendo

πρόβλημα

problema

Καλησπέρα!

¡Buenas tardes!

Καλημέρα!

¡Buenos días!

Καληνύχτα!

¡Buenas noches!

Αντίο

adiós

κατεύθυνση

dirección

αποσκευές

equipaje

τσάντα

bolso

σακίδιο πλάτης

mochila

καλεσμένος

invitado

δωμάτιο

habitación

υπνόσακος

bolsa de dormir

σκηνή

carpa

τουριστικές πληροφορίες

información turística

παραλία

playa

πιστωτική κάρτα

tarjeta de crédito

πρωινό

desayuno

μεσημεριανό

almuerzo

δείπνο

cena

εισιτήριο

pasaje

ανελκυστήρας

ascensor

γραμματόσημο

sello

σύνορα

frontera

τελωνείο

aduana

πρεσβεία

embajada

βίζα

visa

διαβατήριο

pasaporte

μεταφορά
transporte

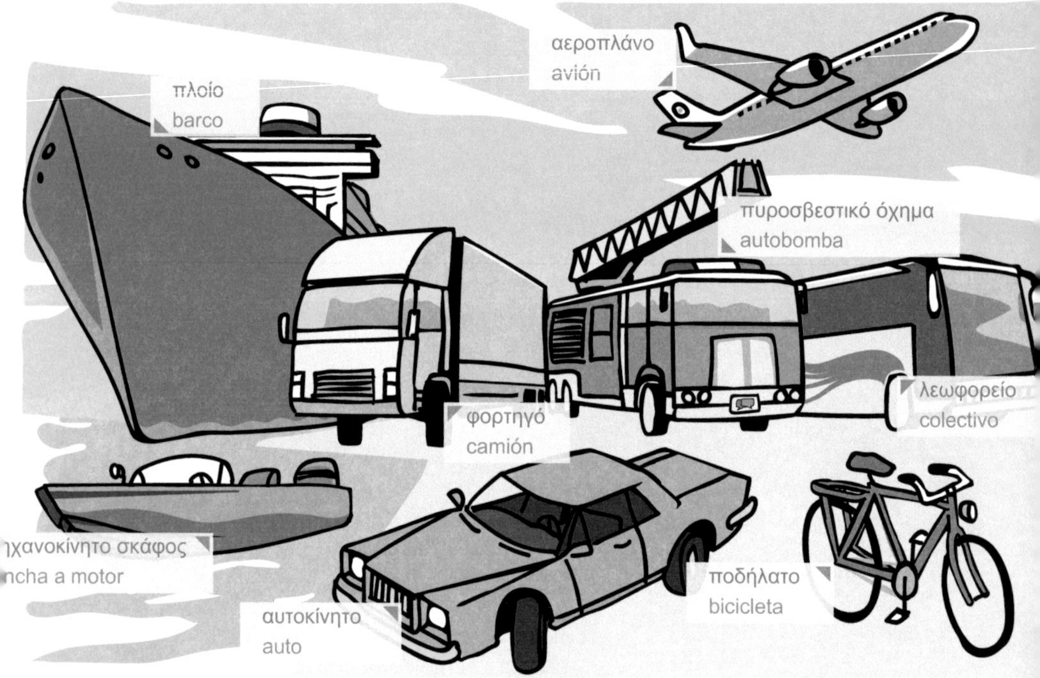
αεροπλάνο
avión
πλοίο
barco
πυροσβεστικό όχημα
autobomba
λεωφορείο
colectivo
φορτηγό
camión
ηχανοκίνητο σκάφος
ncha a motor
ποδήλατο
bicicleta
αυτοκίνητο
auto

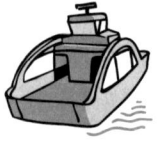

φεριμπότ

ferry

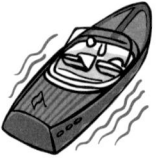

βάρκα

bote

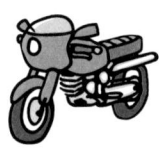

μοτοσικλέτα

moto

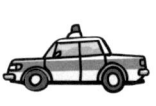

περιπολικό

patrullero

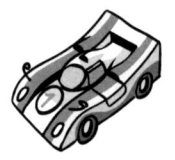

αγωνιστικό αυτοκίνητο

auto de carreras

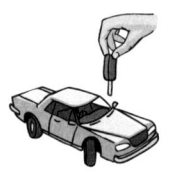

ενοικιαζόμενο αυτοκίνητο

auto de alquiler

διαμοιρασμός αυτοκινήτων

alquiler de autos

γερανός

grúa

απορριμματοφόρο

camión de basura

κινητήρας

motor

καύσιμο

nafta

βενζινάδικο

estación de servicio

πινακίδα σήμανσης

señal de tránsito

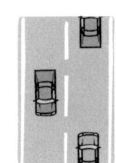

κυκλοφορία

tránsito

κυκλοφοριακή συμφόρηση

embotellamiento

χώρος στάθμευσης

estacionamiento

σιδηροδρομικός σταθμός

estación de tren

σιδηροδρομικές γραμμές

vías

τρένο

tren

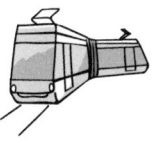

τραμ

tranvía

βαγόνι

vagón

ελικόπτερο

helicóptero

αεροδρόμιο

aeropuerto

πύργος

torre

επιβάτης

pasajero

εμπορευματοκιβώτιο

contenedor

χαρτοκιβώτιο

caja de cartón

καρότσι

carretilla

καλάθι

canasta

απογειώνομαι /
προσγειόνομαι

despegar / aterrizar

πόλη
ciudad

χωριό

pueblo

κέντρο της πόλης

centro de ciudad

σπίτι

casa

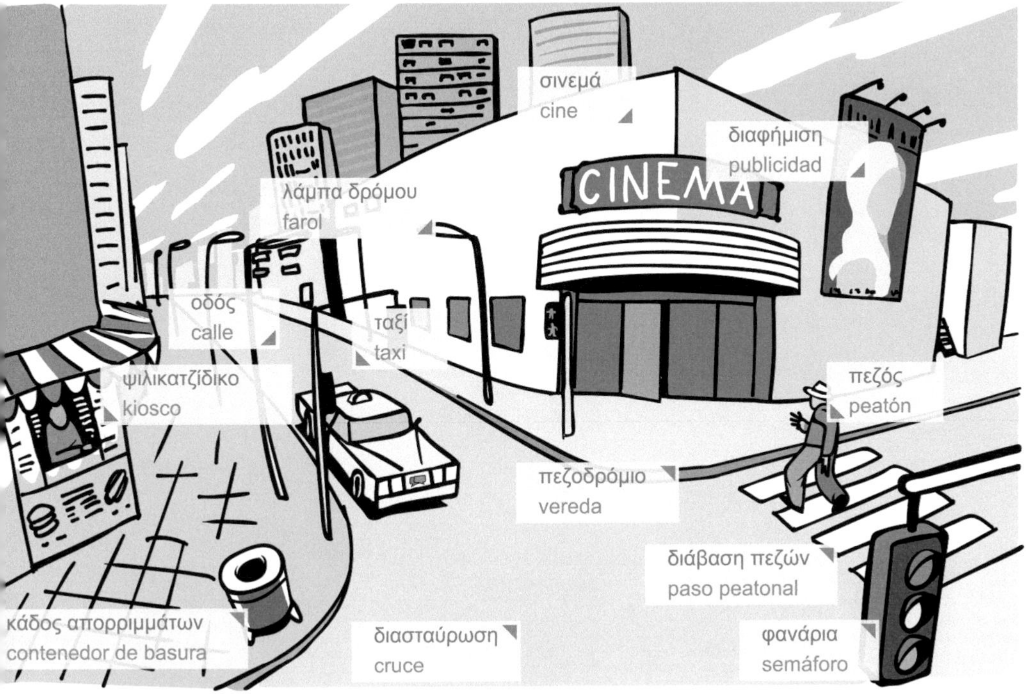

σινεμά
cine
διαφήμιση
publicidad
CINEMA
λάμπα δρόμου
farol
οδός
calle
ταξί
taxi
ψιλικατζίδικο
kiosco
πεζός
peatón
πεζοδρόμιο
vereda
διάβαση πεζών
paso peatonal
κάδος απορριμμάτων
contenedor de basura
διασταύρωση
cruce
φανάρια
semáforo

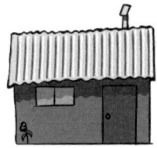

καλύβα

cabaña

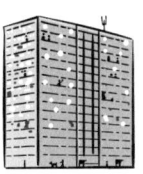

διαμέρισμα

departamento

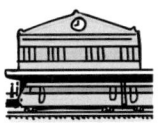

σιδηροδρομικός σταθμός

estación de tren

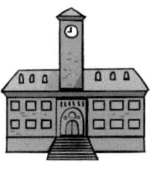

δημαρχείο

municipalidad

MUSEUM

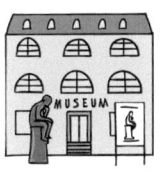

μουσείο

museo

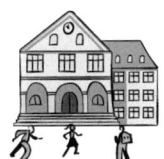

σχολείο

colegio

πανεπιστήμιο
universidad

τράπεζα
banco

νοσοκομείο
hospital

ξενοδοχείο
hotel

φαρμακείο
farmacia

γραφείο
oficina

βιβλιοπωλείο
librería

κατάστημα
negocio

ανθοπωλείο
florería

σούπερ μάρκετ
supermercado

αγορά
mercado

πολυκατάστημα
grandes tiendas

ιχθυοπωλείο
pescadería

εμπορικό κέντρο
centro comercial

λιμάνι
puerto

πόλη - ciudad

πάρκο

parque

παγκάκι

banco

γέφυρα

puente

σκάλες

escaleras

μετρό

subte

τούνελ

túnel

στάση λεωφορείου

parada del colectivo

μπαρ

bar

εστιατόριο

restaurante

γραμματοκιβώτιο

buzón

πινακίδα δρόμου

letrero

παρκόμετρο

parquímetro

ζωολογικός κήπος

zoológico

πισίνα

pileta

τζαμί

mezquita

αγρόκτημα

granja

ρύπανση

contaminación

νεκροταφείο

cementerio

εκκλησία

iglesia

παιδική χαρά

juegos infantiles

ναός

templo

τοπίο
paisaje

φύλλο
hoja

πινακίδα κατεύθυνσης
poste indicador

δρόμος
camino

λιβάδι
pradera

πέτρα
piedra

δέντρο
árbol

πεζοπόρος
excursionista

ποτάμι
río

χορτάρι
hierba

λουλούδι
flor

κοιλάδα

valle

λόφος

montaña

λίμνη

lago

δάσος

bosque

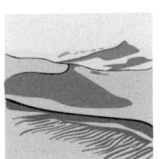

έρημος

desierto

ηφαίστειο

volcán

κάστρο

castillo

ουράνιο τόξο

arco iris

μανιτάρι

champiñón

φοίνικας

palmera

κουνούπι

mosquito

μύγα

mosca

μυρμήγκι

hormiga

μέλισσα

abeja

αράχνη

araña

τοπίο - paisaje

σκαθάρι

escarabajo

βάτραχος

rana

σκίουρος

ardilla

σκαντζόχοιρος

erizo

λαγός

liebre

κουκουβάγια

lechuza

πουλί

pájaro

κύκνος

cisne

αγριογούρουνο

jabalí

ελάφι

ciervo

άλκη

alce

φράγμα

presa

ανεμογεννήτρια

aerogenerador

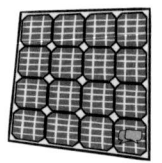

ηλιακός συλλέκτης

panel solar

κλίμα

clima

εστιατόριο
restaurante

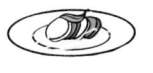

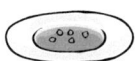

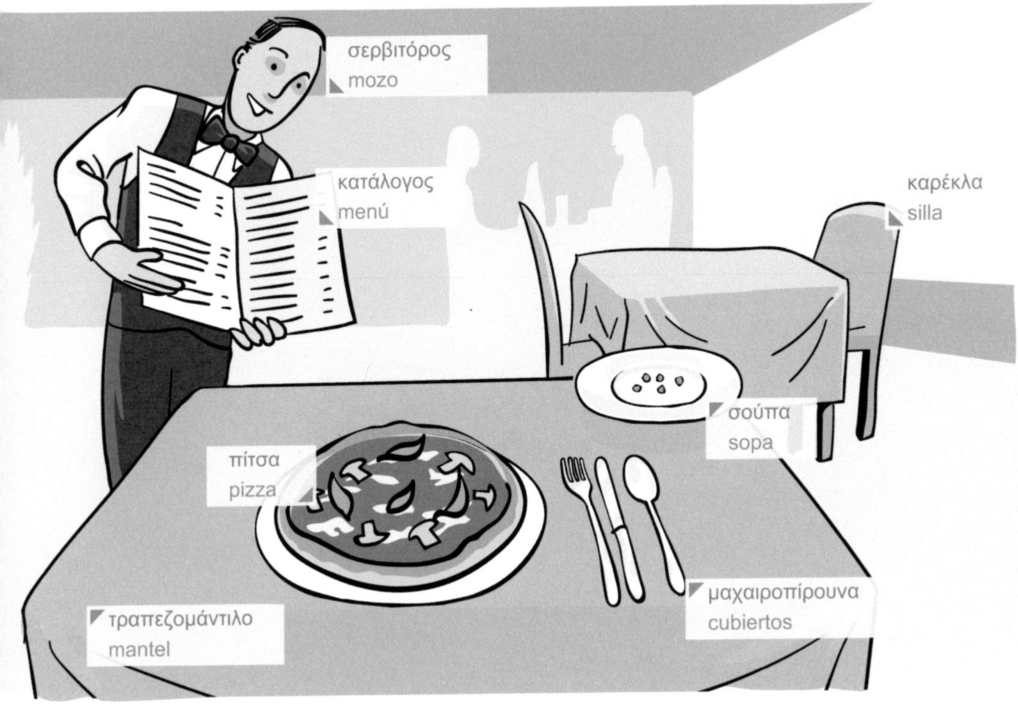
σερβιτόρος
mozo
κατάλογος
menú
καρέκλα
silla
σούπα
sopa
πίτσα
pizza
μαχαιροπίρουνα
cubiertos
τραπεζομάντιλο
mantel

ορεκτικό

entrada

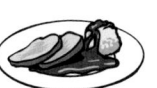

κύριο πιάτο

plato principal

επιδόρπιο

postre

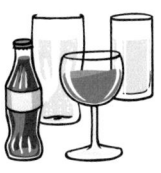

ποτά

bebidas

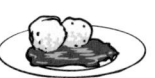

φαγητό

comida

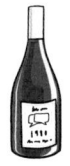

μπουκάλι

botella

φαστ φουντ

comida rápida

φαγητό στ' όρθιο

comida callejera

τσαγιέρα

tetera

δοχείο ζάχαρης

azucarera

μερίδα

porción

μηχανή εσπρέσο

cafetera expreso

ψηλή καρέκλα

sillita alta

λογαριασμός

cuenta

δίσκος

bandeja

μαχαίρι

cuchillo

πιρούνι

tenedor

κουτάλι

cuchara

κουταλάκι του τσαγιού

cucharita

πετσέτα φαγητού

servilleta

ποτήρι

vaso

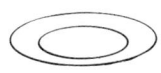

πιάτο

plato

πιάτο σούπας

plato hondo

πιατάκι φλιτζανιού

plato

σάλτσα

salsa

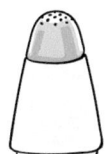

αλατιέρα

salero

μύλος για πιπέρι

molinillo de pimienta

ξύδι

vinagre

λάδι

aceite

μπαχαρικά

especias

κέτσαπ

kétchup

μουστάρδα

mostaza

μαγιονέζα

mayonesa

σούπερ μάρκετ
supermercado

προσφορά
oferta especial
FOR
πελάτης
cliente
γαλακτοκομικά προϊόντα
lácteos
φρούτα
fruta
καρότσι για ψώνια
changuito

BUTCHERS

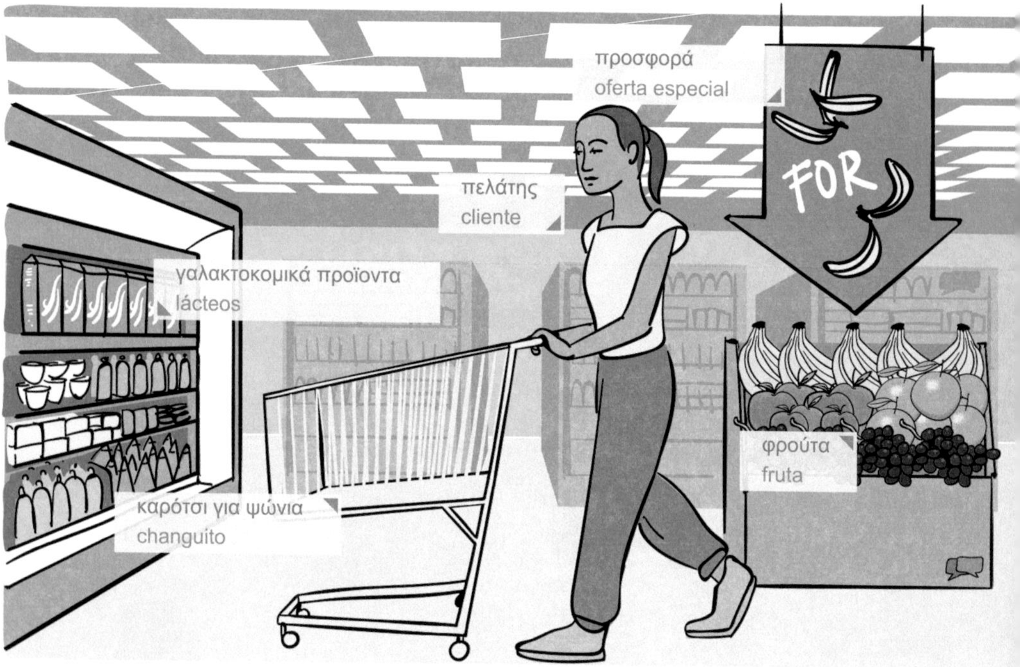

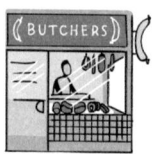

κρεοπωλείο

carnicería

BAKERY

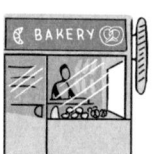

φούρνος

panadería

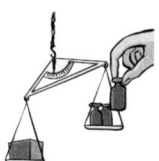

ζυγίζω

pesar

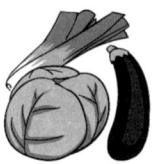

λαχανικά

verduras

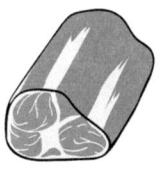

κρέας

carne

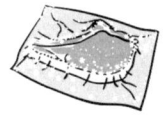

κατεψυγμένα τρόφιμα

alimentos congelados

αλλαντικά

fiambres

κονσερβοποιημένη τροφή

alimentos enlatados

απορρυπαντικό ρούχων

detergente en polvo

γλυκά

golosinas

οικιακά είδη

electrodomésticos

καθαριστικά προϊόντα

productos de limpieza

πωλήτρια

vendedora

ταμείο

caja

ταμίας

cajero

λίστα για ψώνια

lista de compras

ωράριο λειτουργίας

horario de atención

πορτοφόλι

billetera

πιστωτική κάρτα

tarjeta de crédito

τσάντα

cartera

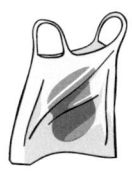

πλαστική σακούλα

bolsa de plástico

νερό

agua

χυμός

jugo

γάλα

leche

κόκα κόλα

bebida cola

κρασί

vino

μπίρα

cerveza

αλκοόλ

alcohol

κακάο

cacao

τσάι

té

καφές

café

εσπρέσο

café expreso

καπουτσίνο

cappuccino

μπανάνα

banana

μήλο

manzana

πορτοκάλι

naranja

πεπόνι

melón

λεμόνι

limón

καρότο

zanahoria

σκόρδο

ajo

μπαμπού

bambú

κρεμμύδι

cebolla

μανιτάρι

champiñón

ξηροί καρποί

nueces

νουντλς

fideos

μακαρόνια

tallarines

ρύζι

arroz

σαλάτα

ensalada

πατατάκια

papas fritas

τηγανητές πατάτες

papas fritas

πίτσα

pizza

χάμπουργκερ

hamburguesa

σάντουιτς

sándwich

κοτολέτα

churrasco

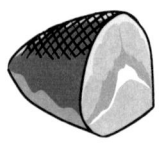

ζαμπόν

jamón

σαλάμι

salame

λουκάνικο

salchicha

κοτόπουλο

pollo

ψητό

asado

ψάρι

pescado

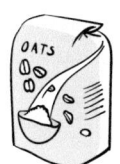

χυλός βρώμης

copos de avena

μούσλι

muesli

κορν φλέικς

copos de maíz

αλεύρι

harina

κρουασάν

medialuna

ψωμάκι

pancito

ψωμί

pan

τοστ

tostada

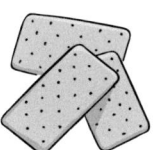

μπισκότα

galletitas

βούτυρο

manteca

τυρόπηγμα

cuajada

κέικ

torta

αυγό

huevo

τηγανητό αυγό

huevo frito

τυρί

queso

παγωτό

helado

ζάχαρη

azúcar

μέλι

miel

μαρμελάδα

mermelada

άλλειμμα σοκολάτας

pasta de chocolate

κάρυ

curry

αγρόκτημα
granja

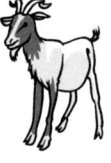

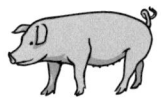

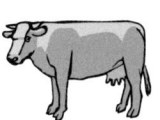

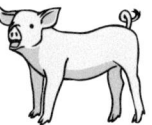

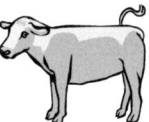

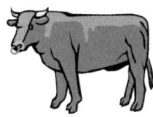

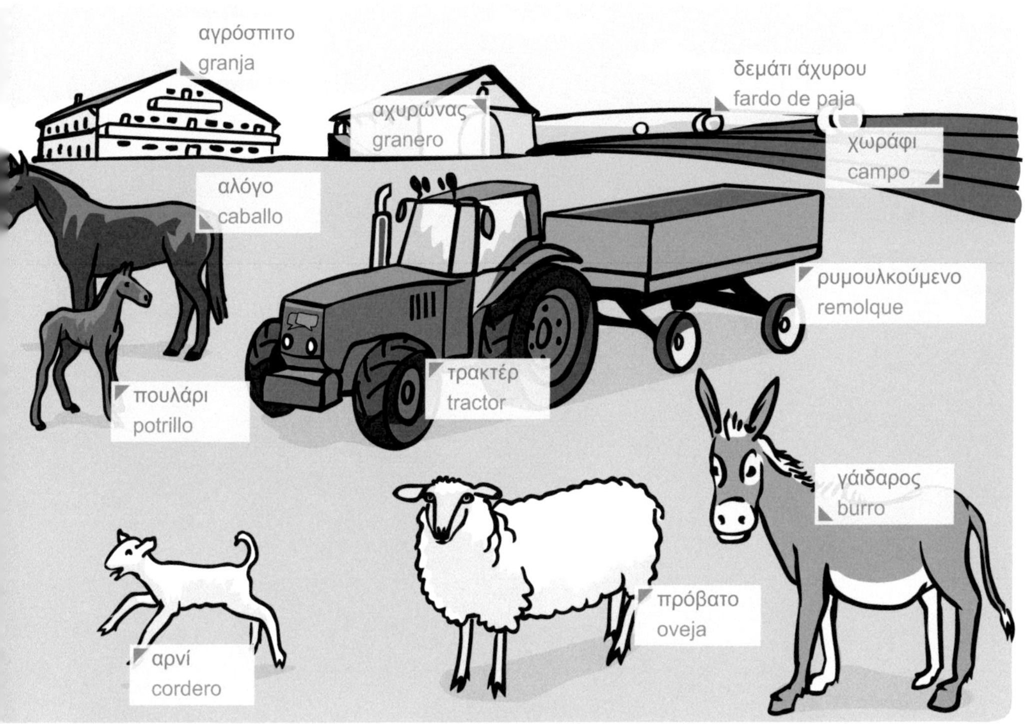

αγρόσπιτο
granja
δεμάτι άχυρου
fardo de paja
αχυρώνας
granero
χωράφι
campo
αλόγο
caballo
ρυμουλκούμενο
remolque
τρακτέρ
tractor
πουλάρι
potrillo
γάιδαρος
burro
πρόβατο
oveja
αρνί
cordero

κατσίκα

cabra

αγελάδα

vaca

μοσχαράκι

ternero

γουρούνι

cerdo

γουρουνάκι

lechón

ταύρος

toro

χήνα

ganso

πάπια

pato

κοτοπουλάκι

pollo

κότα

gallina

κόκορας

gallo

αρουραίος

rata

γάτα

gato

ποντίκι

ratón

βόδι

buey

σκύλος

perro

σπιτάκι σκύλου

cucha

λάστιχο κήπου

manguera

ποτιστήρι

regadera

θεριστήρι

guadaña

αλέτρι

arado

δρεπάνι
hoz

τσάπα
azada

δίκρανο
horquilla

τσεκούρι
hacha

χειράμαξα
carretilla

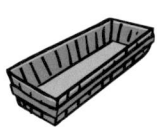

ταΐστρα
abrevadero

δοχείο γάλακτος
lechera

σάκος
bolsa

φράχτης
reja

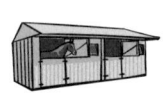

στάβλος
establo

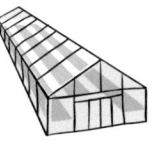

θερμοκήπιο
invernadero

έδαφος
suelo

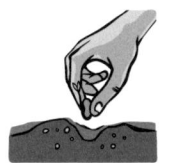

σπόρος
semilla

λίπασμα
fertilizador

θεριζοαλωνιστική μηχανή
cosechadora

θερίζω
cosechar

συγκομιδή
cosecha

γιαμς
batatas

σιτάρι
trigo

σόγια
soja

πατάτα
papa

καλαμπόκι
maíz

κράμβη
semilla de colza

οπωροφόρο δέντρο
árbol frutal

μανιόκα
mandioca

δημητριακά
cereales

σπίτι

casa

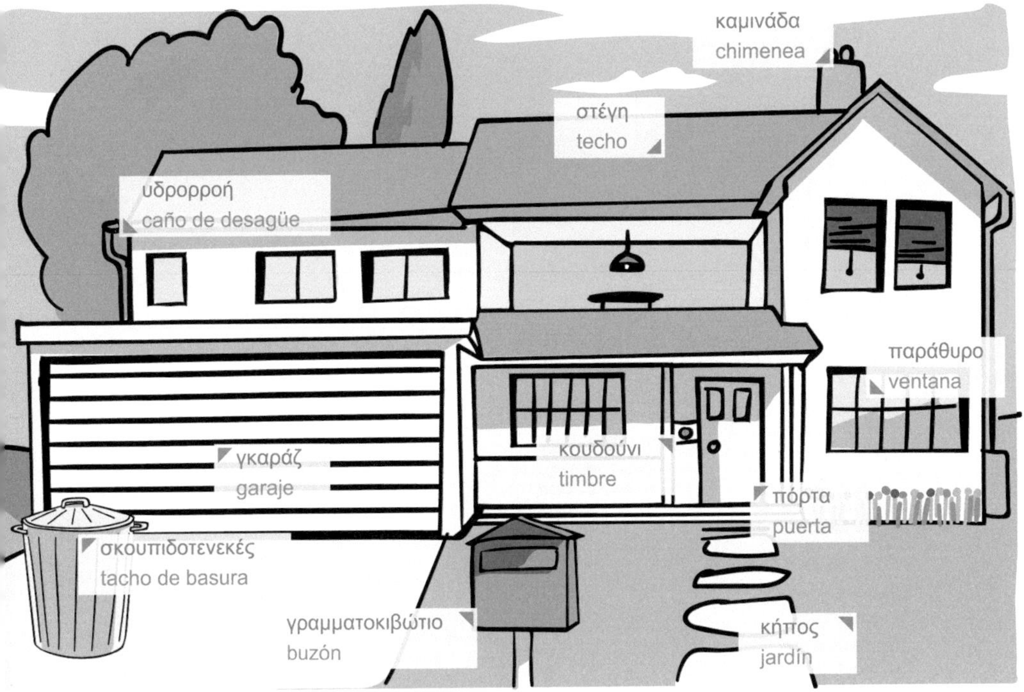

καμινάδα
chimenea
στέγη
techo
υδρορροή
caño de desagüe
παράθυρο
ventana
γκαράζ
garaje
κουδούνι
timbre
πόρτα
puerta
σκουπιδοτενεκές
tacho de basura
γραμματοκιβώτιο
buzón
κήπος
jardín

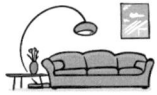

σαλόνι

living

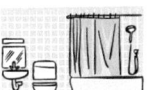

μπάνιο

baño

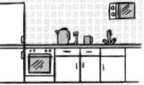

κουζίνα

cocina

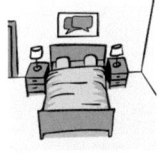

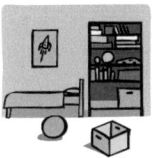

υπνοδωμάτιο

dormitorio

παιδικό δωμάτιο

cuarto de los chicos

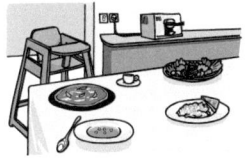

τραπεζαρία

comedor

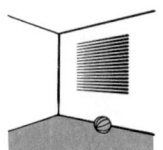

πάτωμα

piso

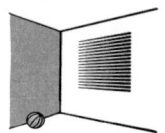

τοίχος

pared

οροφή

cielorraso

κελάρι

sótano

σάουνα

sauna

μπαλκόνι

balcón

βεράντα

terraza

πισίνα

pileta

μηχανή του γκαζόν

cortadora de pasto

σεντόνι

sábana

κάλυμμα κρεβατιού

acolchado

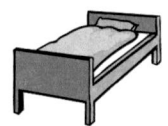

κρεβάτι

cama

σκούπα

escoba

κουβάς

balde

διακόπτης

interruptor

σπίτι - casa

σαλόνι
living

ταπετσαρία
empapelado
φωτογραφία
imagen
λάμπα
lámpara
ράφι
estante
ντουλάπι
armario
τηλεόραση
televisión
τζάκι
chimenea
λουλούδι
flor
μαξιλάρι
almohadón
καναπές
sofá
βάζο
florero
τηλεκοντρόλ
control remoto

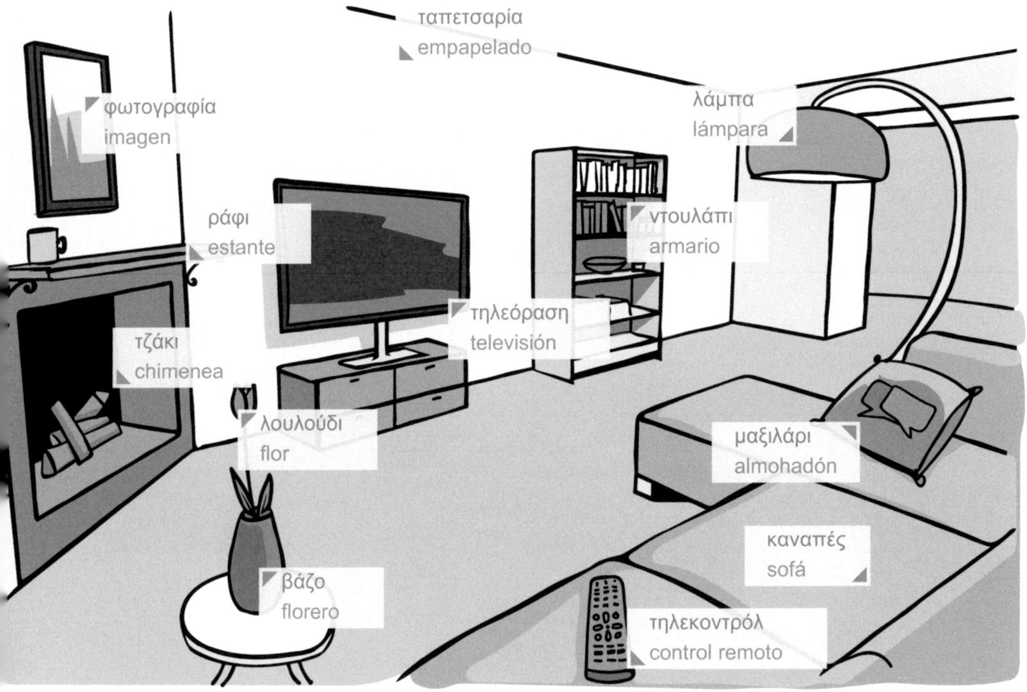

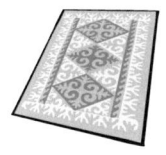

χαλί

alfombra

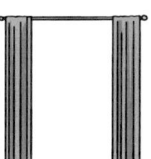

κουρτίνα

cortina

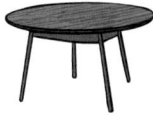

τραπέζι

mesa

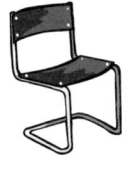

καρέκλα

silla

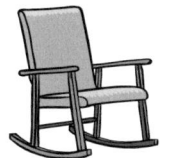

κουνιστή πολυθρόνα

mecedora

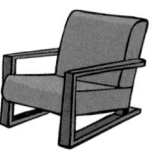

πολυθρόνα

sillón

βιβλίο

libro

κουβέρτα

frazada

διακόσμηση

decoración

καυσόξυλα

leña

ταινία

película

στερεοφωνικό σύστημα

equipo de música

κλειδί

llave

εφημερίδα

diario

πίνακας ζωγραφικής

pintura

αφίσα

póster

ραδιόφωνο

radio

σημειωματάριο

cuaderno

ηλεκτρική σκούπα

aspiradora

κάκτος

cactus

κερί

vela

κουζίνα
cocina

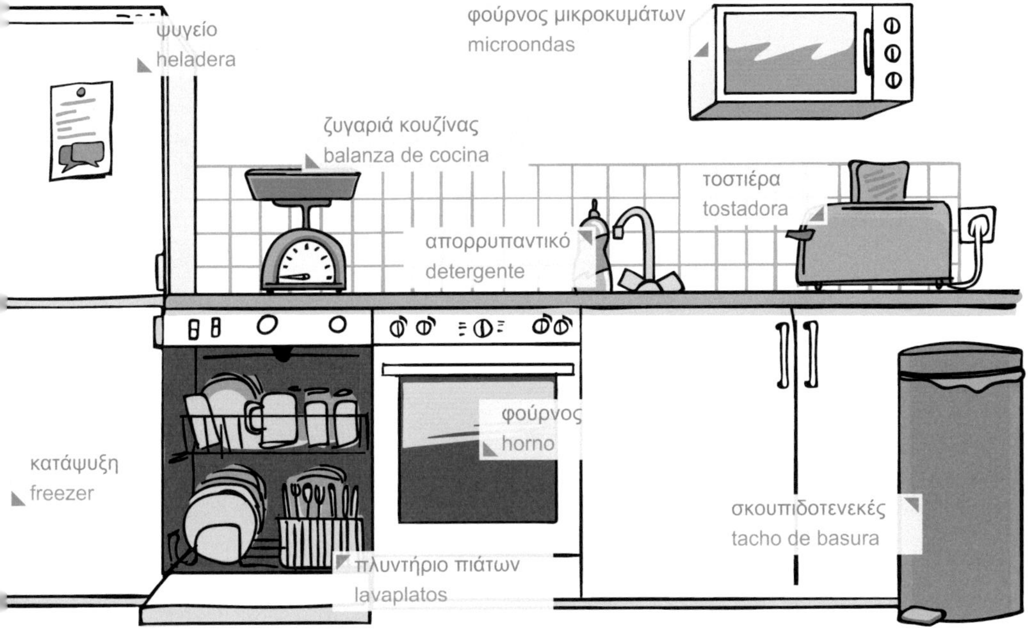
ψυγείο
heladera
φούρνος μικροκυμάτων
microondas
ζυγαριά κουζίνας
balanza de cocina
τοστιέρα
tostadora
απορρυπαντικό
detergente
φούρνος
horno
κατάψυξη
freezer
σκουπιδοτενεκές
tacho de basura
πλυντήριο πιάτων
lavaplatos

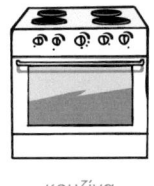

κουζίνα
cocina

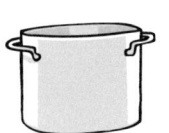

κατσαρόλα
olla

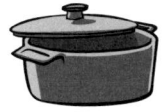

μαντεμένια κατσαρόλα
olla de hierro fundido

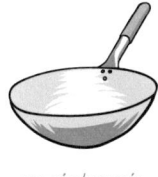

γουόκ/καντάι
wok

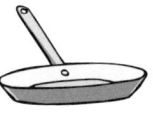

τηγάνι
sartén

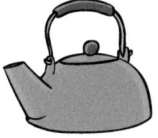

βραστήρας
pava

ατμομάγειρας

vaporera

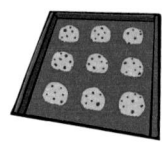

ταψί

bandeja de horno

πιατικά

vajilla

κούπα

taza

μπολ

bol

ξυλάκια

palitos

κουτάλα

cucharón

σπάτουλα

estpátula

ανακατεύω

batidora

σουρωτήρι

colador

σουρωτηράκι

colador

τρίφτης

rallador

γουδί

mortero

ψησταριά

parrilla

ανοιχτή φωτιά

fogata

σανίδα κοπής

tabla de picar

πλάστης

palo de amasar

ανοιχτήρι φελλών

sacacorchos

κονσέρβα

lata

ανοιχτήρι κονσέρβας

abrelatas

γάντι φούρνου

manopla

νεροχύτης

pileta

βούρτσα

cepillo

σφουγγάρι

esponja

μπλέντερ

batidora

καταψύκτης

congelador

μπιμπερό

mamadera

βρύση

canilla

μπάνιο

baño

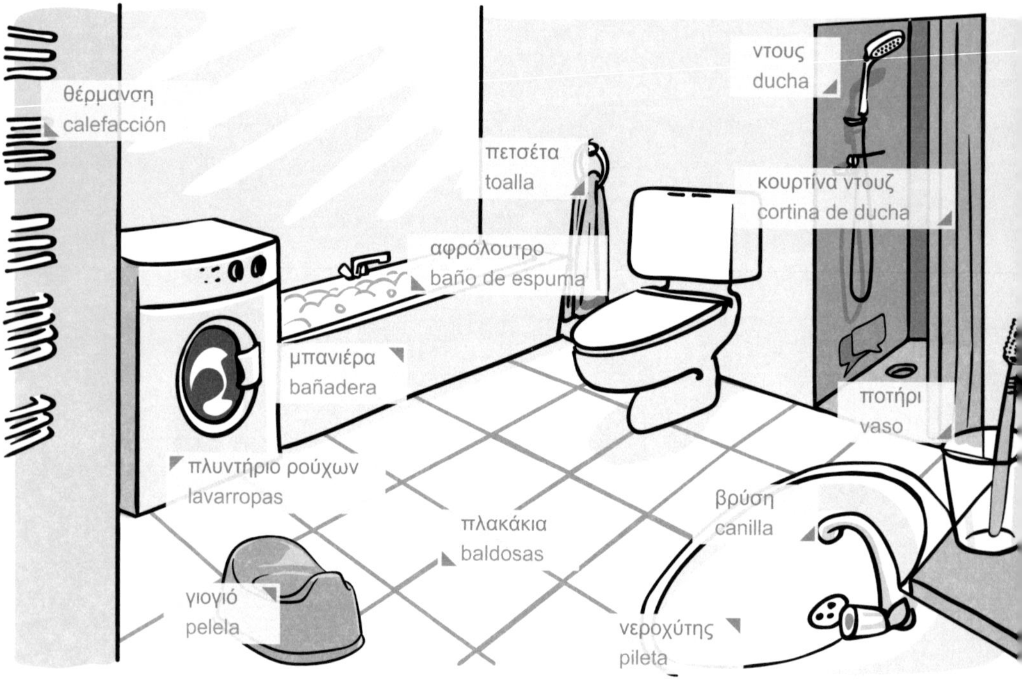

θέρμανση
calefacción
πετσέτα
toalla
ντους
ducha
κουρτίνα ντουζ
cortina de ducha
αφρόλουτρο
baño de espuma
μπανιέρα
bañadera
ποτήρι
vaso
πλυντήριο ρούχων
lavarropas
βρύση
canilla
πλακάκια
baldosas
γιογιό
pelela
νεροχύτης
pileta

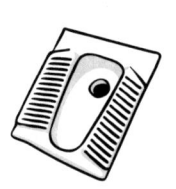

τουαλέτα

inodoro

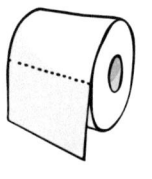

τούρκικη τουαλέτα

letrina

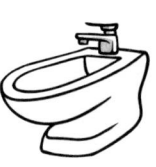

μπιντές

bidé

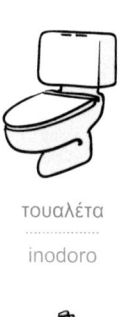

ουρητήριο

mingitorio

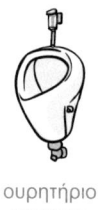

χαρτί υγείας

papel higiénico

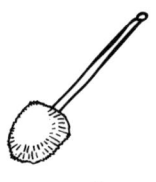

πιγκάλ

cepillo para el inodoro

οδοντόβουρτσα

cepillo de dientes

οδοντόκρεμα

dentífrico

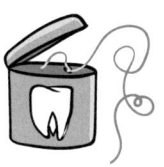

οδοντικό νήμα

hilo dental

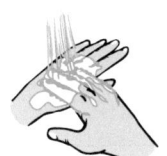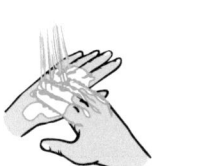

πλένω

lavar

τηλέφωνο ντους

ducha de mano

ντουσιέρα

ducha higiénica

λεκάνη

palangana

βούρτσα πλάτης

cepillo para espalda

σαπούνι

jabón

αφρόλουτρο

gel de ducha

σαμπουάν

shampoo

φανέλα

toallita

σιφόνι

desagüe

κρέμα

crema

αποσμητικό

desodorante

καθρέφτης

espejo

καθρέφτης χειρός

espejito

ξυραφάκι

maquinita de afeitar

αφρός ξυρίσματος

espuma de afeitar

αφτερσέιβ

aftershave

χτένα

peine

βούρτσα

cepillo

σεσουάρ

secador de pelo

λακ

spray

μακιγιάζ

maquillaje

κραγιόν

lápiz de labios

βερνίκι νυχιών

esmalte para uñas

βαμβάκι

algodón

ψαλίδι νυχιών

tijera para uñas

άρωμα

perfume

νεσεσέρ

portacosméticos

σκαμπό

banqueta

ζυγαριά

balanza

μπουρνούζι

bata

ελαστικά γάντια

guantes de goma

ταμπόν

tampón

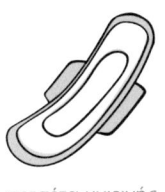

πετσέτα υγιεινής

toallita femenina

χημική τουαλέτα

baño químico

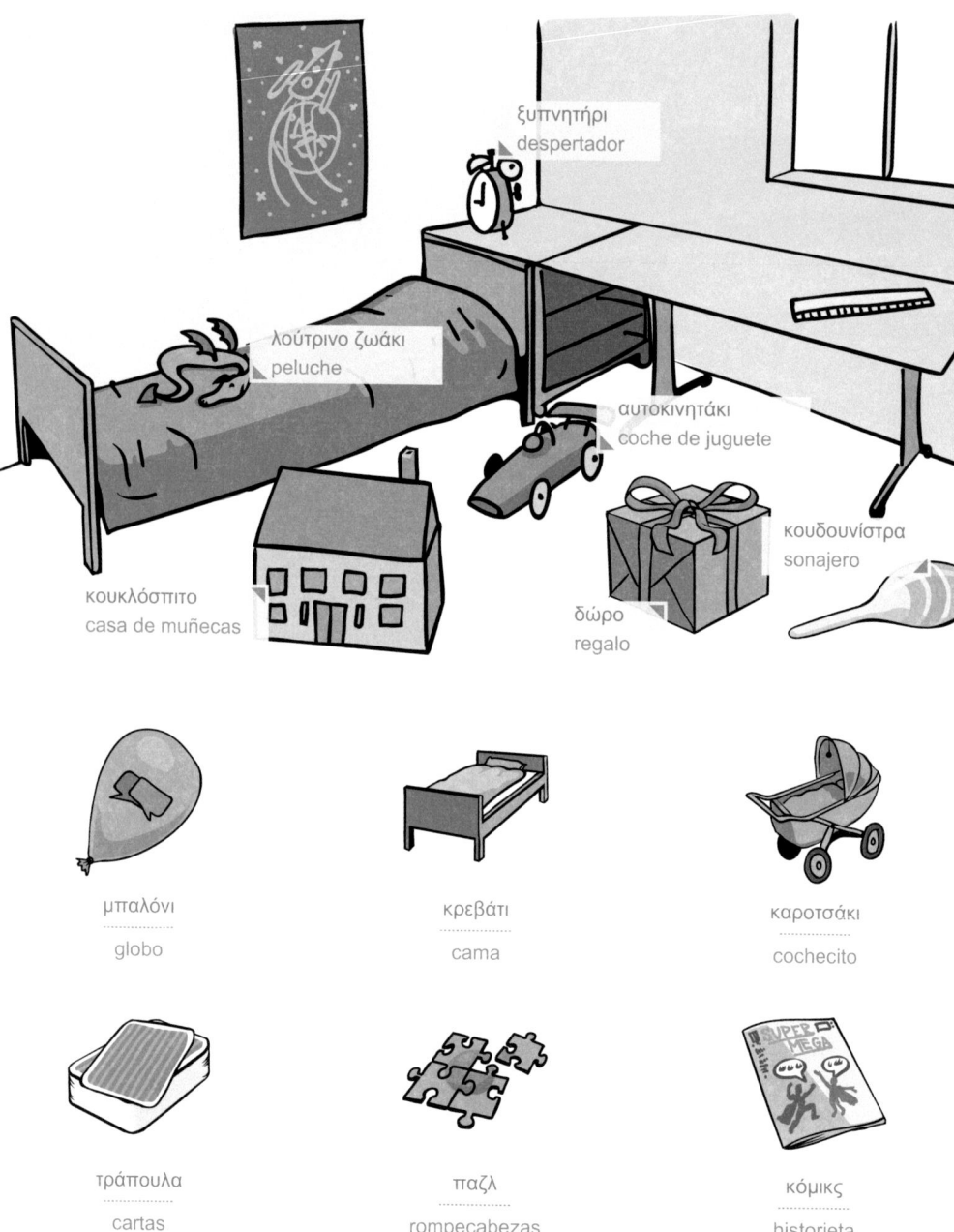

ξυπνητήρι
despertador

λούτρινο ζωάκι
peluche

αυτοκινητάκι
coche de juguete

κουδουνίστρα
sonajero

κουκλόσπιτο
casa de muñecas

δώρο
regalo

μπαλόνι
globo

κρεβάτι
cama

καροτσάκι
cochecito

τράπουλα
cartas

παζλ
rompecabezas

κόμικς
historieta

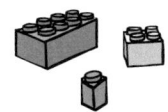

τουβλάκια lego

piezas de lego

τουβλάκια κατασκευών

ladrillos de juguete

φιγούρα δράσης

figura de acción

βρεφικό φορμάκι

enterito (de bebé)

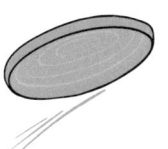

φρίσμπι

frisbee

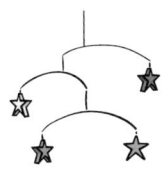

μόμπιλο

móvil para bebés

επιτραπέζιο παιχνίδι

juego de mesa

ζάρια

dados

σετ τρενάκι

tren eléctrico

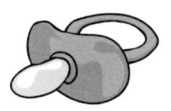

πιπίλα

chupete

πάρτι

fiesta

εικονογραφημένο βιβλίο

libro de cuentos ilustrado

μπάλα

pelota

κούκλα

muñeca

παίζω

jugar

σκάμμα με άμμο

arenero

κούνια

hamaca

παιχνίδια

juguetes

κονσόλα βιντεοπαιχνιδιών

consola de videojuegos

τρίκυκλο

triciclo

αρκουδάκι

osito de peluche

ντουλάπα

armario

ρούχα
ropa

κάλτσες

medias

καλτσοδέτες

medias panty

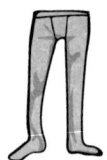

καλσόν

calzas

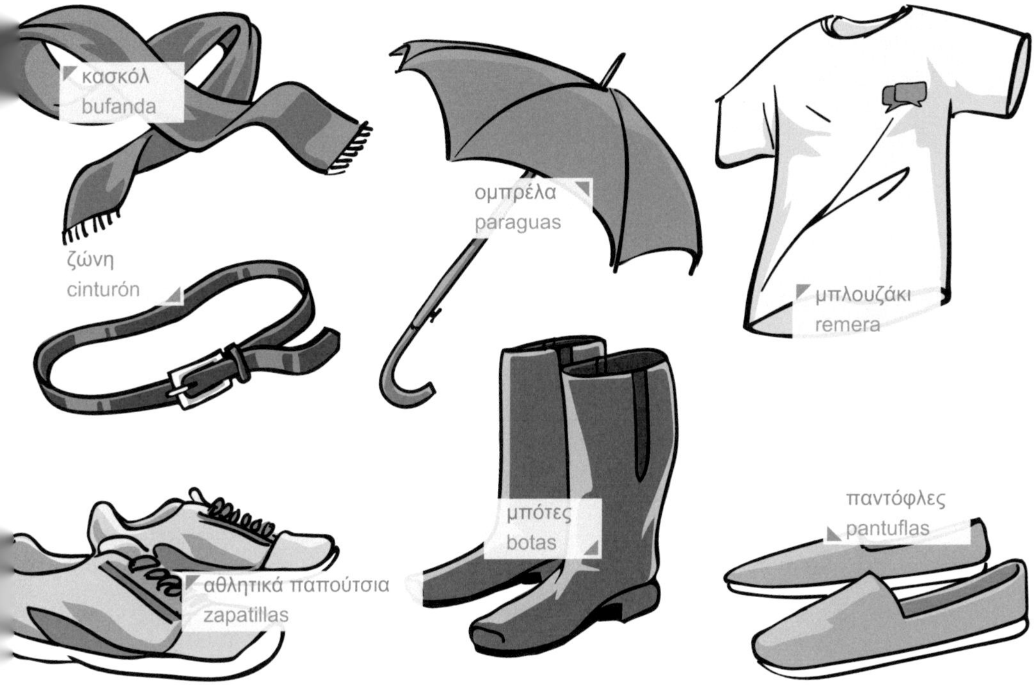

κασκόλ
bufanda

ομπρέλα
paraguas

μπλουζάκι
remera

ζώνη
cinturón

μπότες
botas

παντόφλες
pantuflas

αθλητικά παπούτσια
zapatillas

σανδάλια

sandalias

παπούτσια

zapatos

γαλότσες

botas de goma

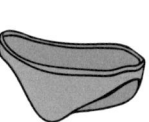

εσώρουχο

ropa interior

σουτιέν

corpiño

φανέλα

chaleco

ρούχα - ropa

σώμα

body

παντελόνι

pantalones

τζιν παντελόνι

jeans

φούστα

pollera

μπλούζα

blusa

πουκάμισο

camisa

πουλόβερ

pulóver

πουλόβερ

buzo

σακάκι

blazer

μπουφάν

campera

παλτό

tapado

αδιάβροχο πανωφόρι

piloto

κοστούμι

traje

φόρεμα

vestido

νυφικό

vestido de novia

κοστούμι

traje

νυχτικό

camisón

πιτζάμες

pijama

σάρι

sari

μαντήλι

pañuelo para cabeza

τουρμπάνι

turbante

μπούρκα

burka

καφτάνι

caftán

μουσουλμανικό ένδυμα

abaya

ολόσωμο μαγιό

traje de baño

ανδρικό μαγιό

short de baño

σορτς

shorts

αθλητική φόρμα

jogging

ποδιά

delantal

γάντια

guantes

κουμπί

botón

γυαλιά

anteojos

βραχιόλι

pulsera

περιδέραιο

collar

δαχτυλίδι

anillo

σκουλαρίκι

aro

καπέλο

gorra

κρεμάστρα

percha

καπέλο

sombrero

γραβάτα

corbata

φερμουάρ

cierre

κράνος

casco

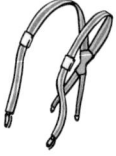

τιράντες

tiradores

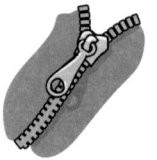

μαθητική στολή

uniforme escolar

στολή

uniforme

σαλιάρα

babero

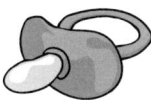

πιπίλα

chupete

πάνα

pañal

γραφείο
oficina

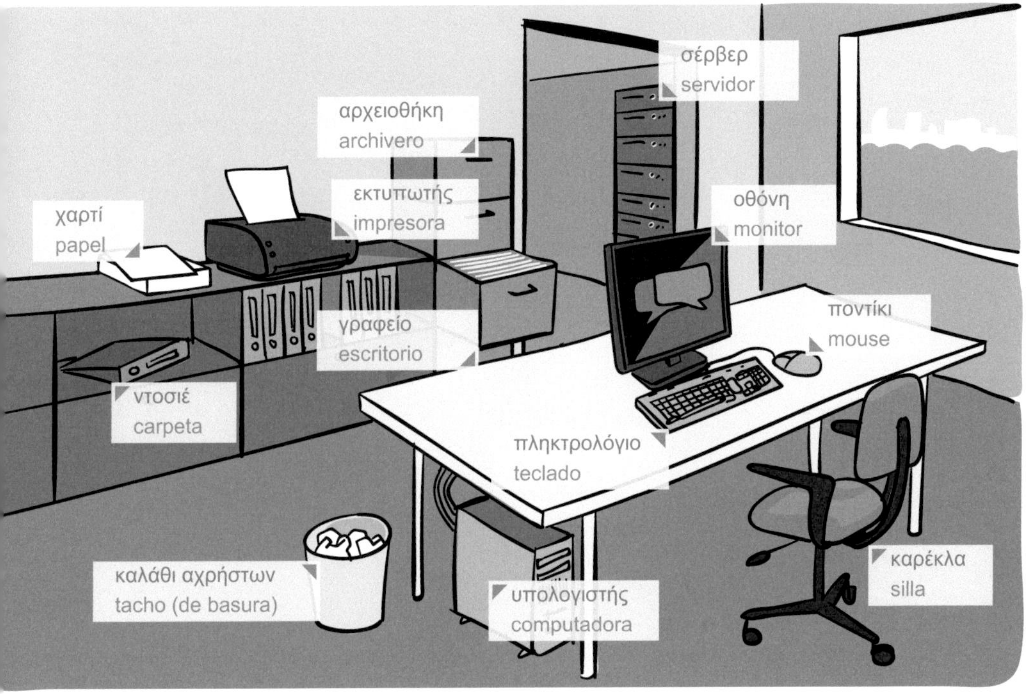

σέρβερ
servidor

αρχειοθήκη
archivero

εκτυπωτής
impresora

οθόνη
monitor

χαρτί
papel

ποντίκι
mouse

γραφείο
escritorio

ντοσιέ
carpeta

πληκτρολόγιο
teclado

καλάθι αχρήστων
tacho (de basura)

υπολογιστής
computadora

καρέκλα
silla

κούπα του καφέ

taza de café

κομπιουτεράκι

calculadora

ίντερνετ

internet

λάπτοπ

laptop

γράμμα

carta

μήνυμα

mensaje

κινητό

celular

δίκτυο

red

φωτοτυπικό μηχάνημα

fotocopiadora

λογισμικό

software

τηλέφωνο

teléfono

πρίζα

tomacorriente

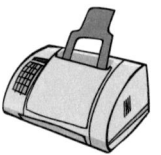

συσκευή φαξ

fax

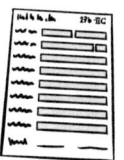

έντυπο

formulario

έγγραφο

documento

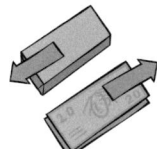

αγοράζω

comprar

πληρώνω

pagar

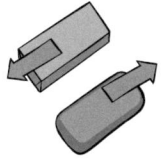

συναλλάσσομαι

hacer negocios

χρήματα

dinero

δολάριο

dólar

ευρώ

euro

γιεν

yen

ρούβλι

rublo

ελβετικό φράγκο

franco suizo

ρενμίνμπι γιουάν

yuan

ρουπία

rupia

ATM (αυτόματη ταμειακή μηχανή)

cajero automático

ανταλλακτήρια
συναλλάγματος

casa de cambio

χρυσός

oro

ασήμι

plata

πετρέλαιο

petróleo

ενέργεια

energía

τιμή

precio

συμβόλαιο

contrato

φόρος

impuesto

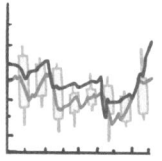

μετοχή

acción

δουλεύω

trabajar

υπάλληλος

empleado

εργοδότης

empleador

εργοστάσιο

fábrica

κατάστημα

negocio

οικονομία - economía

επαγγέλματα
ocupaciones

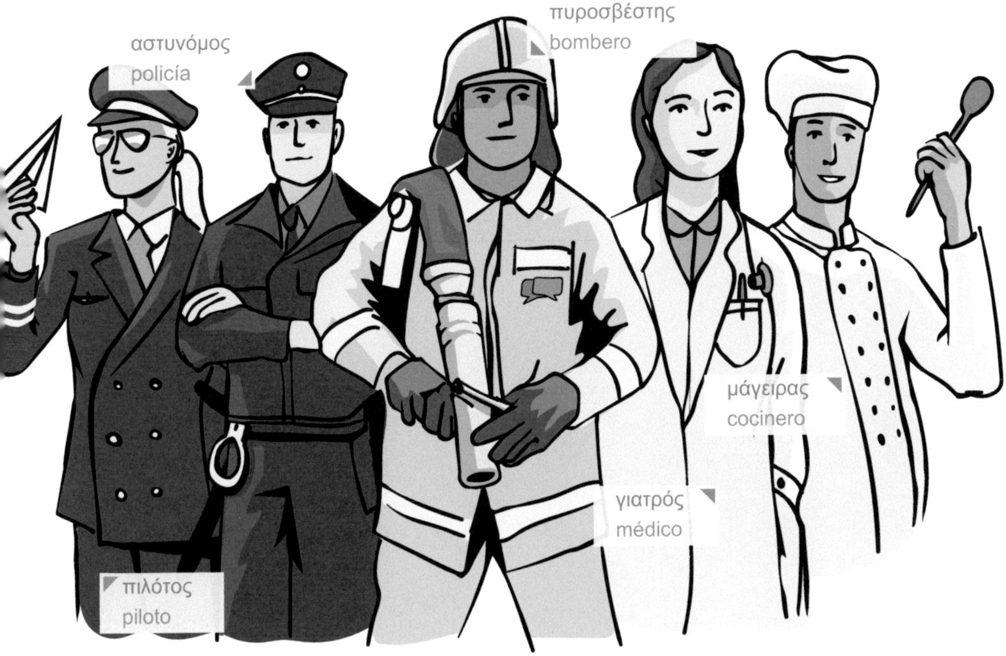
πυροσβέστης
bombero
αστυνόμος
policía
μάγειρας
cocinero
γιατρός
médico
πιλότος
piloto

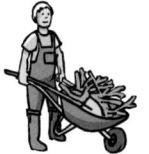

κηπουρός

jardinero

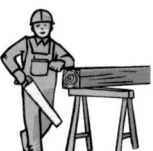

ξυλουργός

carpintero

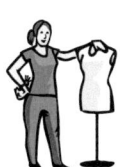

μοδίστρα

modista

δικαστής

juez

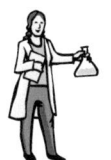

χημικός

farmacéutico

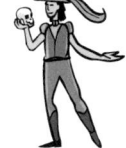

ηθοποιός

actor

οδηγός λεωφορείου

colectivero

ταξιτζής

taxista

ψαράς

pescador

καθαρίστρια

mucama

τεχνίτης στεγών

techista

σερβιτόρος

mozo

κυνηγός

cazador

ζωγράφος

pintor

αρτοποιός

panadero

ηλεκτρολόγος

electricista

οικοδόμος

albañil

μηχανολόγος

ingeniero

κρεοπώλης

carnicero

υδραυλικός

plomero

ταχυδρόμος

cartero

στρατιώτης

soldado

αρχιτέκτονας

arquitecto

ταμίας

cajero

ανθοπώλης

florista

κομμωτής

peluquero

ελεγκτής εισιτηρίων

cobrador

μηχανικός

mecánico

καπετάνιος

capitán

οδοντίατρος

dentista

επιστήμονας

científico

ραβίνος

rabino

ιμάμης

imán

μοναχός

monje

ιερέας

sacerdote

εργαλεία
herramientas

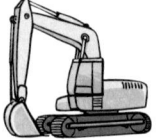

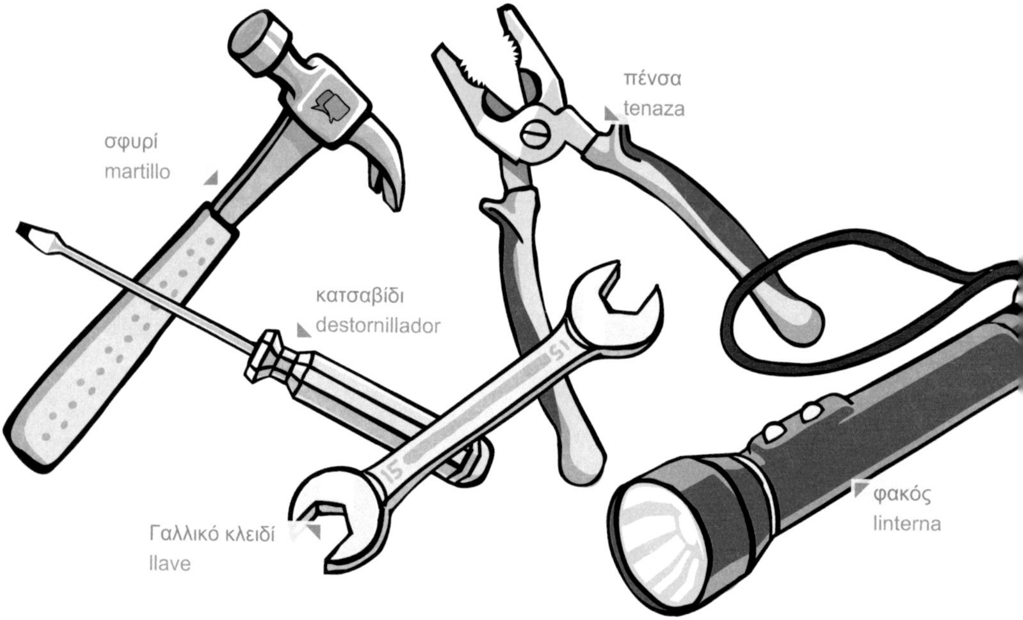

πένσα
tenaza
σφυρί
martillo
κατσαβίδι
destornillador
Γαλλικό κλειδί
llave
φακός
linterna

εκσκαφέας

excavadora

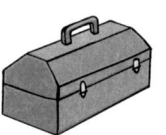

εργαλειοθήκη

caja de herramientas

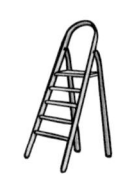

σκάλα

escalera portátil

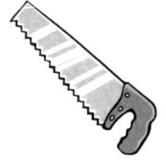

πριόνι

sierra

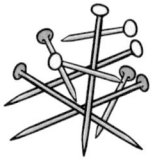

καρφιά

clavos

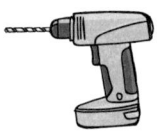

τρυπάνι

taladro

επισκευάζω

arreglar

φτυάρι

pala de jardín

Να πάρει!

¡Qué bronca!

φαράσι

pala de plástico

δοχείο χρωμάτων

tacho de pintura

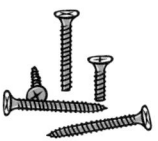

βίδες

tornillos

μουσικά όργανα
instrumentos musicales

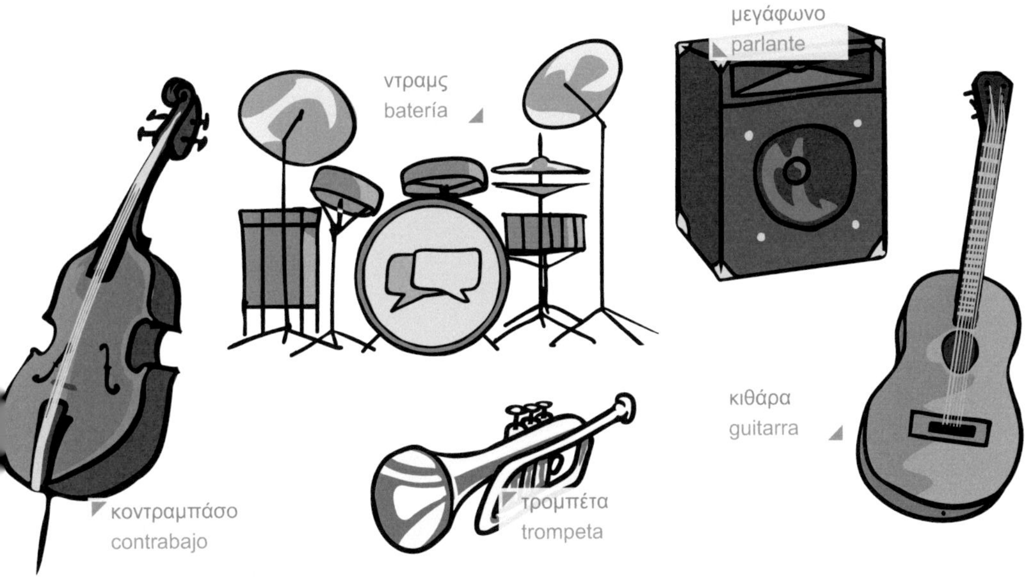

μεγάφωνο
parlante

ντραμς
batería

κιθάρα
guitarra

κοντραμπάσο
contrabajo

τρομπέτα
trompeta

πιάνο

piano

βιολί

violín

μπάσο

bajo

τύμπανα

timbales

τύμπανο

tambor

πλήκτρα

teclado

σαξόφωνο

saxofón

φλάουτο

flauta

μικρόφωνο

micrófono

ζωολογικός κήπος
zoológico

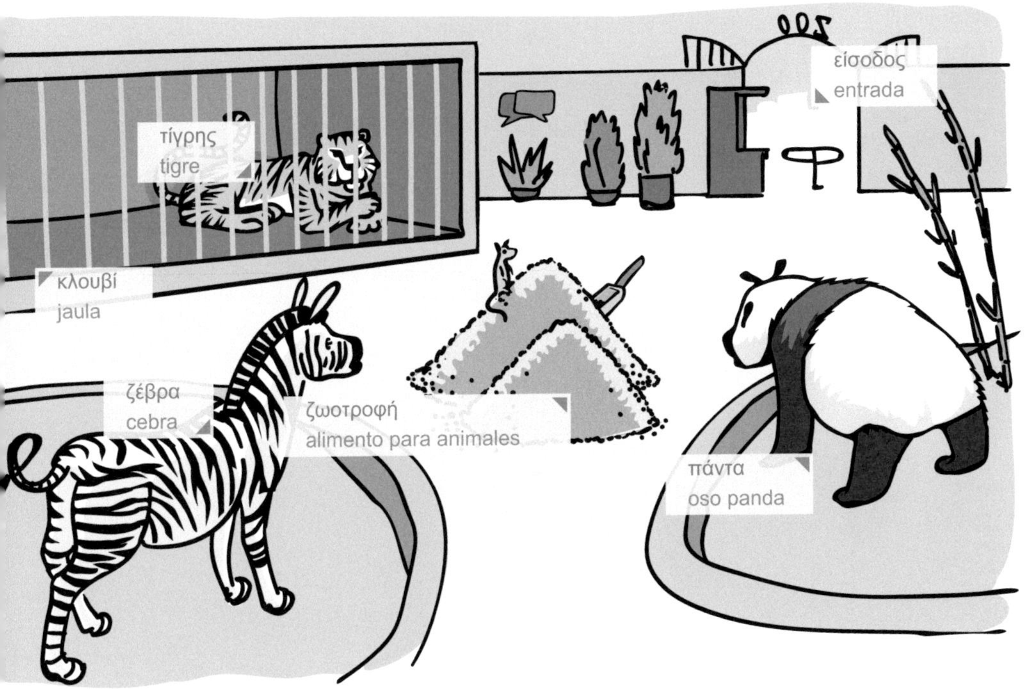

είσοδος
entrada
τίγρης
tigre
κλουβί
jaula
ζέβρα
cebra
ζωοτροφή
alimento para animales
πάντα
oso panda

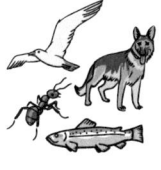

ζώα

animales

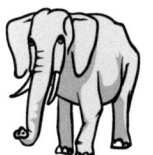

ελέφαντας

elefante

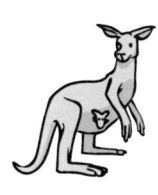

καγκουρό

canguro

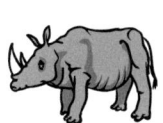

ρινόκερος

rinoceronte

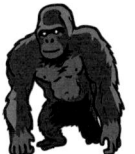

γορίλας

gorila

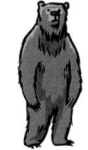

αρκούδα

oso

καμήλα

camello

στρουθοκάμηλος

avestruz

λιοντάρι

león

πίθηκος

mono

φλαμίνγκο

flamenco

παπαγάλος

loro

πολική αρκούδα

oso polar

πιγκουίνος

pingüino

καρχαρίας

tiburón

παγώνι

pavo real

φίδι

serpiente

κροκόδειλος

cocodrilo

φύλακας ζωολογικού κήπου

cuidador del zoológico

φώκια

foca

τζάγκουαρ

jaguar

πόνυ

poni

λεοπάρδαλη

leopardo

ιπποπόταμος

hipopótamo

καμηλοπάρδαλη

jirafa

αετός

águila

αγριογούρουνο

jabalí

ψάρι

pescado

χελώνα

tortuga

θαλάσσιος ίππος

morsa

αλεπού

zorro

γαζέλα

gacela

Αμερικάνικο ποδόσφαιρο
fútbol americano

ποδηλασία
ciclismo

αντισφαίριση
tenis

μπάσκετ
básquet

κολύμβηση
natación

χόκεϋ επί πάγου
hockey sobre hielo

πυγχαμία
boxeo

ποδόσφαιρο
fútbol

μπάντμιντον
bádminton

στίβος
atletismo

χάντμπολ
handball

σκι
esquí

πόλο
polo

δραστηριότητες
actividades

γελάω
reír
πηδάω
saltar
αγκαλιάζω
abrazar
περπατάω
caminar
τραγουδάω
cantar
ονειρεύομαι
soñar
προσεύχομαι
rezar
φιλάω
besar

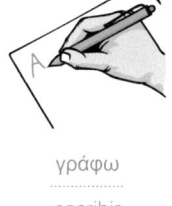

γράφω

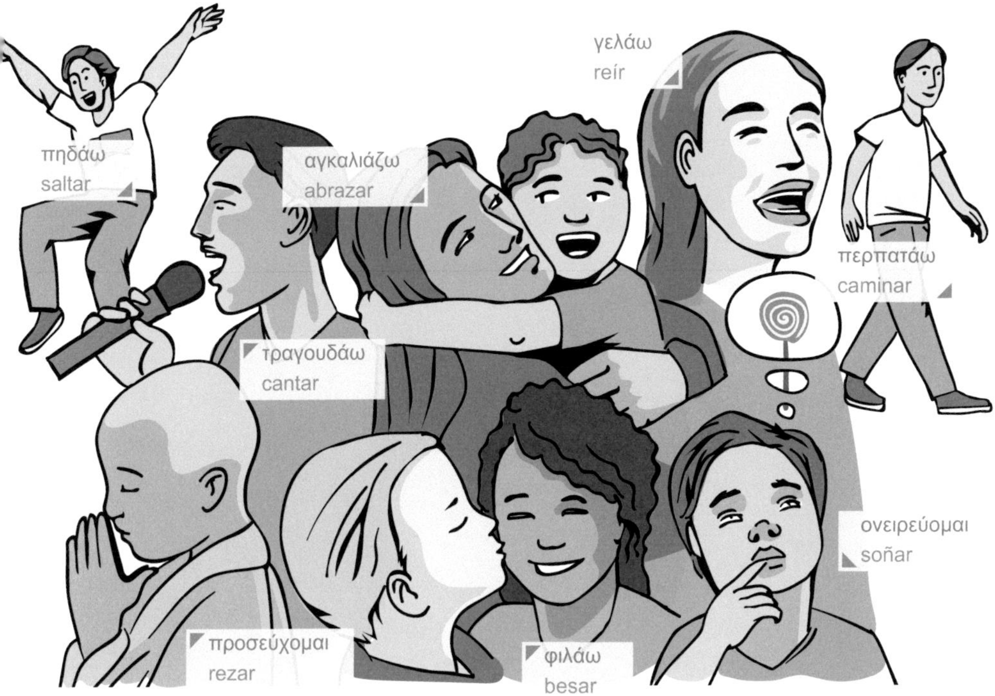

escribir

σχεδιάζω

dibujar

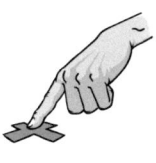

δείχνω

mostrar

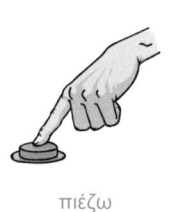

πιέζω

presionar

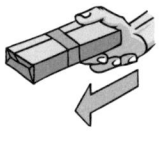

δίνω

dar

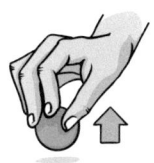

παίρνω

tomar

έχω

tener

κάνω

hacer

είμαι

ser

στέκομαι

estar parado

τρέχω

correr

τραβάω

tirar

ρίχνω

tirar

πέφτω

caer

ξαπλώνω

estar acostado

περιμένω

esperar

κουβαλώ

llevar

κάθομαι

estar sentado

φοράω

vestirse

κοιμάμαι

dormir

ξυπνάω

despertar

κοιτάω

mirar

κλαίω

llorar

χαϊδεύω

acariciar

χτενίζω

peinar

μιλάω

hablar

καταλαβαίνω

entender

ρωτάω

preguntar

ακούω

escuchar

πίνω

beber

τρώω

comer

συγυρίζω

ordenar

αγαπάω

amar

μαγειρεύω

cocinar

οδηγώ

manejar

πετάω

volar

κάνω ιστιοπλοΐα

navegar

υπολογίζω

calcular

διαβάζω

leer

μαθαίνω

aprender

δουλεύω

trabajar

παντρεύομαι

casarse

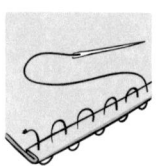

ράβω

coser

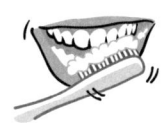

βουρτσίζω τα δόντια

cepillarse los dientes

σκοτώνω

matar

καπνίζω

fumar

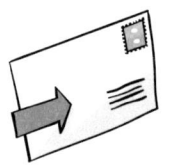

στέλνω

enviar

οικογένεια
familia

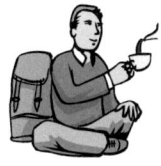

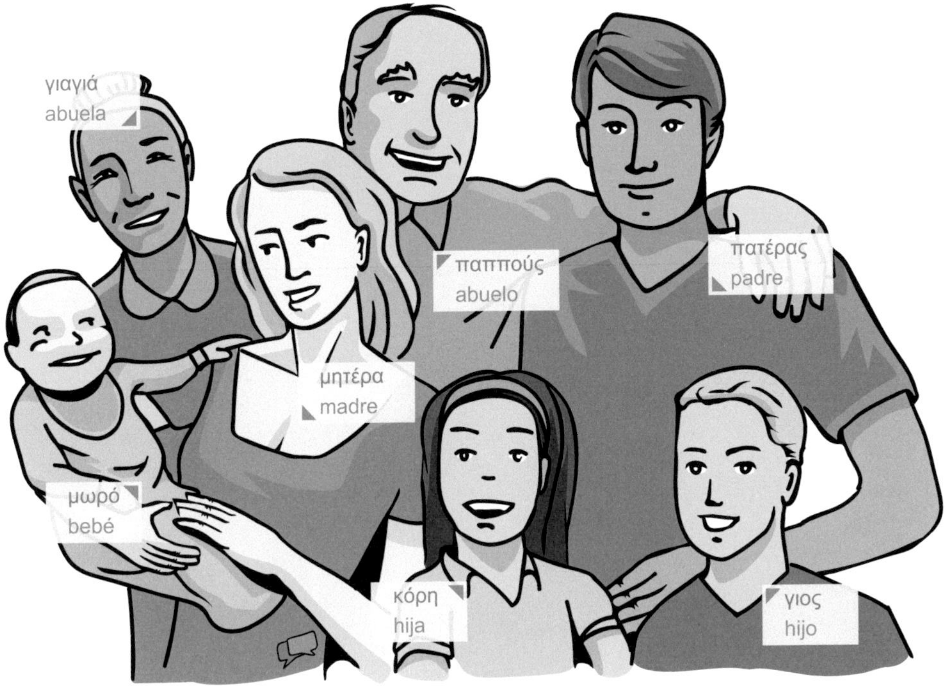
γιαγιά
abuela
παππούς
abuelo
πατέρας
padre
μητέρα
madre
μωρό
bebé
κόρη
hija
γιος
hijo

καλεσμένος

invitado

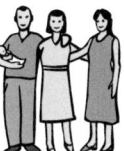

θεία

tía

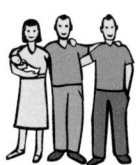

θείος

tío

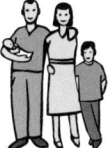

αδελφός

hermano

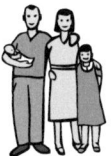

αδελφή

hermana

σώμα

cuerpo

μέτωπο
frente
μάτι
ojo
ώμος
hombro
δάχτυλο
dedo
πρόσωπο
cara
πιγούνι
pera
χέρι
mano
στήθος
pecho
πόδι
pierna
βραχίονας
brazo

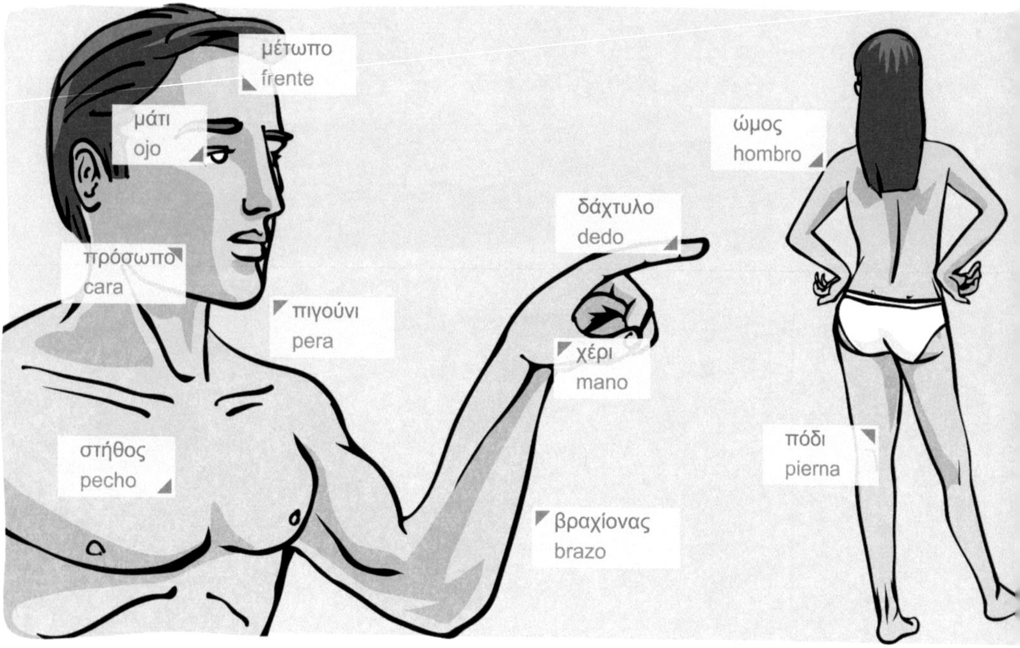

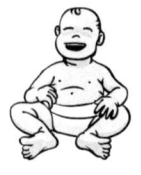

μωρό

bebé

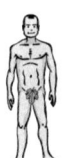

άνδρας

hombre

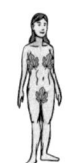

γυναίκα

mujer

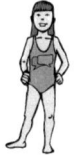

κορίτσι

nena

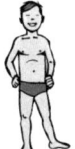

αγόρι

nene

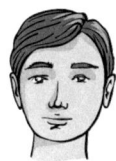

κεφάλι

cabeza

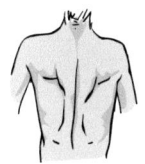

πλάτη

espalda

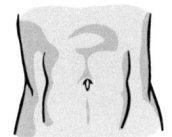

κοιλιά

panza

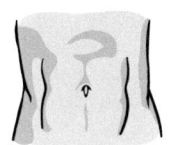

αφαλός

ombligo

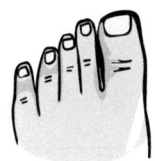

δάχτυλο ποδιού

dedo del pie

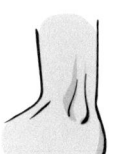

φτέρνα

talón

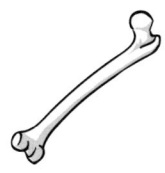

κόκκαλο

hueso

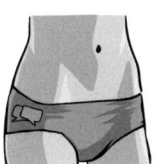

γοφός

cadera

γόνατο

rodilla

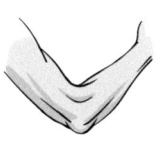

αγκώνας

codo

μύτη

nariz

γλουτός

cola

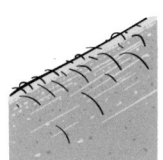

δέρμα

piel

μάγουλο

cachete

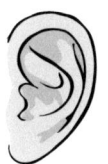

αυτί

oreja

χείλος

labio

στόμα

boca

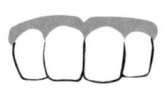

δόντι

diente

γλώσσα

lengua

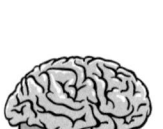

εγκέφαλος

cerebro

καρδιά

corazón

μυς

músculo

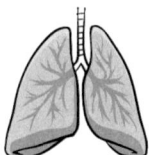

πνεύμονας

pulmón

συκώτι

hígado

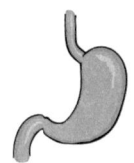

στομάχι

estómago

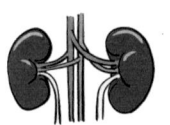

νεφρά

riñones

σεξουαλική επαφή

sexo

προφυλακτικό

preservativo

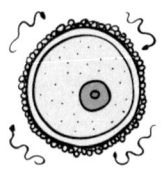

ωάριο

óvulo

σπέρμα

semen

εγκυμοσύνη

embarazo

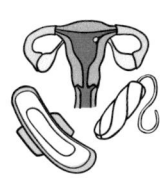

περίοδος

menstruación

γυναικείος κόλπος

vagina

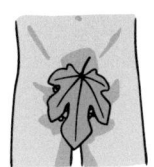

πέος

pene

φρύδι

ceja

μαλλιά

pelo

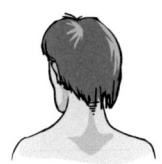

λαιμός

cuello

νοσοκομείο
hospital

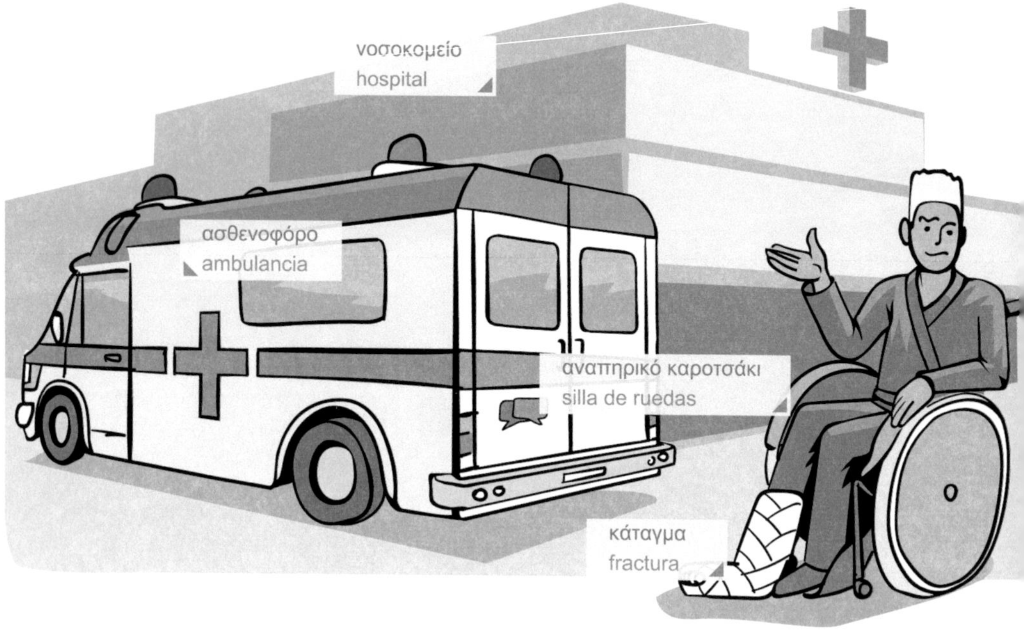

νοσοκομείο
hospital
ασθενοφόρο
ambulancia
αναπηρικό καροτσάκι
silla de ruedas
κάταγμα
fractura

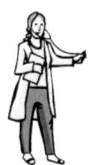

γιατρός

médico

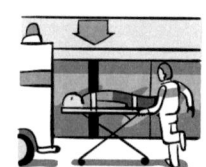

μονάδα εντατικής θεραπείας

sala de guardia

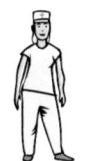

νοσοκόμα

enfermera

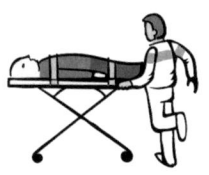

έκτακτη ανάγκη

emergencia

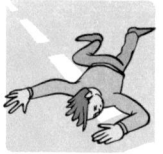

λιπόθυμος

inconsciente

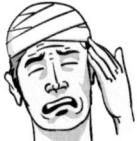

πόνος

dolor

τραύμα

lesión

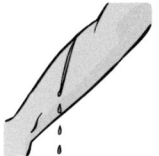

αιμορραγία

hemorragia

έμφραγμα

infarto

εγκεφαλικό

ACV

αλλεργία

alergia

βήχας

tos

πυρετός

fiebre

γρίπη

gripe

διάρροια

diarrea

πονοκέφαλος

dolor de cabeza

καρκίνος

cáncer

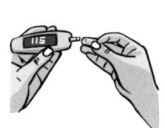

διαβήτης

diabetes

χειρουργός

cirujano

νυστέρι

bisturí

εγχείρηση

operación

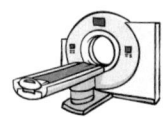

αξονική τομογραφία

TC

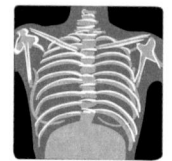

ακτινογραφία

rayos x

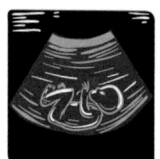

υπέρηχος

ecografía

μάσκα

barbijo

ασθένεια

enfermedad

αίθουσα αναμονής

sala de espera

πατερίτσα

muleta

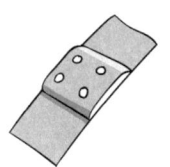

χάνσαπλαστ

curita

επίδεσμος

venda

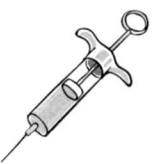

ένεση

inyección

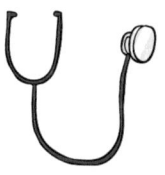

στηθοσκόπιο

estetoscopio

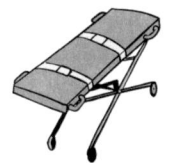

φορείο

camilla

θερμόμετρο

termómetro

γέννηση

nacimiento

υπέρβαρο

sobrepeso

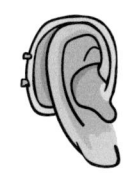

ακουστικό βαρηκοΐας

audífono

αντισηπτικό

desinfectante

λοίμωξη

infección

ιός

virus

HIV/AIDS

VIH / SIDA

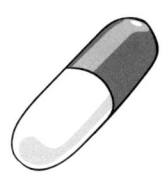

φάρμακο

remedio

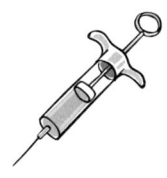

εμβολιασμός

vacunación

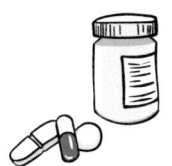

δισκία

comprimidos

χάπι

pastilla anticonceptiva

κλήση έκτακτης ανάγκης

llamada de emergencia

πιεσόμετρο αίματος

tensiómetro

άρρωστος / υγιής

enfermo / sano

Βοήθεια!

¡Ayuda!

συναγερμός

alarma

βιαιοπραγία

agresión

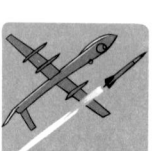

επίθεση

ataque

κίνδυνος

peligro

έξοδος κινδύνου

salida de emergencia

Φωτιά!

¡Fuego!

πυροσβεστήρας

matafuego

ατύχημα

accidente

κουτί πρώτων βοηθειών

botiquín de primeros
auxilios

SOS

SOS

αστυνομία

policía

Ευρώπη

Europa

Βόρεια Αμερική

América del Norte

Νότια Αμερική

América del Sur

Αφρική

África

Ασία

Asia

Αυστραλία

Australia

Ατλαντικός Ωκεανός

Atlántico

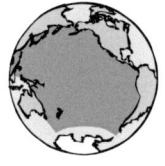

Ειρηνικός Ωκεανός

Pacífico

Ινδικός Ωκεανός

Océano Índico

Ανταρκτικός Ωκεανός

Océano Antártico

Αρκτικός Ωκεανός

Océano Ártico

Βόρειος Πόλος

polo norte

Νότιος Πόλος

polo sur

Ανταρκτική

Antártida

Γη

Tierra

γη

tierra

θάλασσα

mar

νησί

isla

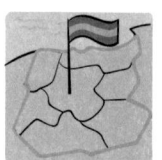

έθνος

nación

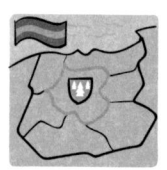

πολιτεία

estado

καντράν ρολογιού

esfera

ωροδείκτης

manecilla de las horas

λεπτοδείκτης

minutero

δείκτης δευτερολέπτων

segundero

Τι ώρα είναι;

¿Qué hora es?

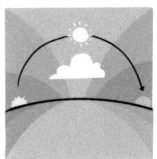

ημέρα

día

χρόνος

hora

τώρα

ahora

ψηφιακό ρολόι

reloj digital

λεπτό

minuto

ώρα

hora

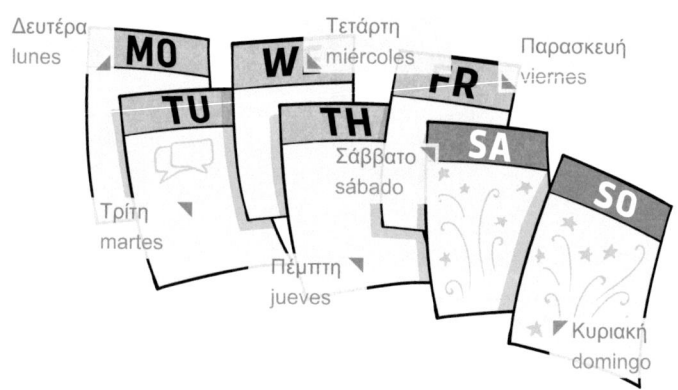

Δευτέρα
lunes

Τετάρτη
miércoles

Παρασκευή
viernes

Τρίτη
martes

Σάββατο
sábado

Πέμπτη
jueves

Κυριακή
domingo

χθες

ayer

σήμερα

hoy

αύριο

mañana

πρωί

mañana

μεσημέρι

mediodía

βράδυ

tarde

εργάσιμες ημέρες

días hábiles

Σαββατοκύριακο

fin de semana

βροχή
lluvia

ουράνιο τόξο
arco iris

χιόνι
nieve

άνεμος
viento

άνοιξη
primavera

φθινόπωρο
otoño

καλοκαίρι
verano

χειμώνας
invierno

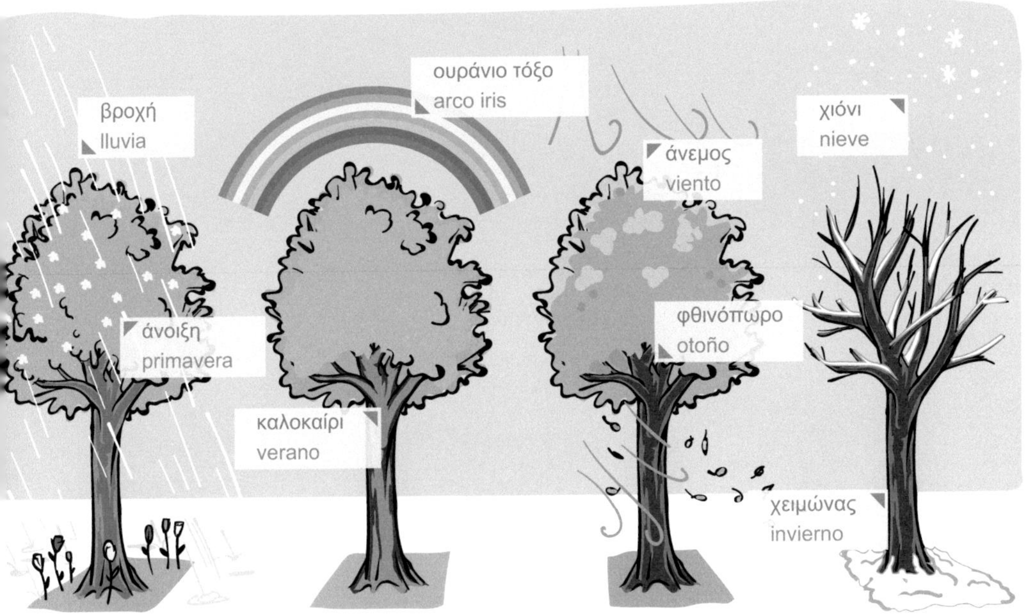

πρόγνωση καιρού
pronóstico meteorológico

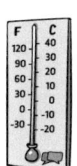

θερμόμετρο
termómetro

λιακάδα
luz del sol

σύννεφο
nube

ομίχλη
niebla

υγρασία
humedad

αστραπή

rayo

κεραυνός

trueno

καταιγίδα

tormenta

χαλάζι

granizo

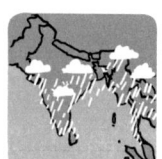

μουσώνας

monzón

πλημμύρα

inundación

πάγος

hielo

Ιανουάριος

enero

Φεβρουάριος

febrero

Μάρτιος

marzo

Απρίλιος

abril

Μάιος

mayo

Ιούνιος

junio

Ιούλιος

julio

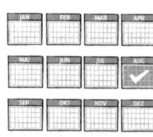

Αύγουστος

agosto

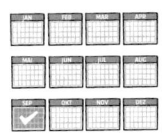

Σεπτέμβριος

septiembre

Οκτώβριος

octubre

Νοέμβριος

noviembre

Δεκέμβριος

diciembre

σχήματα
formas

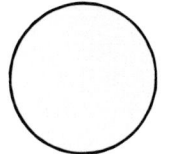

κύκλος

círculo

τετράγωνο

cuadrado

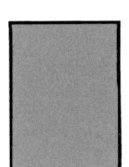

ορθογώνιο
παραλληλόγραμμο
rectángulo

τρίγωνο

triángulo

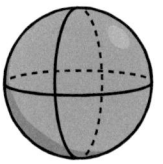

σφαίρα

esfera

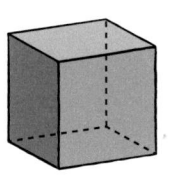

κύβος

cubo

άσπρο

blanco

κίτρινο

amarillo

πορτοκαλί

naranja

ροζ

rosa

κόκκινο

rojo

μωβ

violeta

μπλε

azul

πράσινο

verde

καφέ

marrón

γκρι

gris

μαύρο

negro

πολύ / λίγο

mucho / poco

θυμωμένος / ήρεμος

enojado / tranquilo

όμορφος / άσχημος

lindo / feo

αρχή / τέλος

principio / fin

μεγάλος / μικρός

grande / chico

φωτεινός / σκοτεινός

claro / oscuro

αδελφός / αδελφή

hermano / hermana

καθαρός / λερωμένος

limpio / sucio

πλήρης / ατελής

completo / incompleto

ημέρα / νύχτα

día / noche

νεκρός / ζωντανός

muerto / vivo

φαρδύς / στενός

ancho / angosto

βρώσιμος / μη βρώσιμος

comestible / no comestible

κακός / ευγενικός

malo / amable

ενθουσιασμένος / βαριεστημένος

entusiasmado / aburrido

παχύς / λεπτός

gordo / flaco

πρώτος / τελευταίος

primero / último

φίλος / εχθρός

amigo / enemigo

γεμάτος / άδειος

lleno / vacío

σκληρός / μαλακός

duro / blando

βαρύς / ελαφρύς

pesado / liviano

πείνα / δίψα

hambre / sed

άρρωστος / υγιής

enfermo / sano

παράνομος / νόμιμος

ilegal / legal

έξυπνος / χαζός

inteligente / estúpido

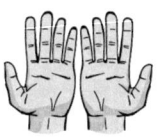

αριστερός / δεξιός

izquierda / derecha

κοντινός / μακρινός

cerca / lejos

αντίθετα - opuestos

καινούριος /
μεταχειρισμένος

nuevo / usado

τίποτα / κάτι

nada / algo

γέρος | νέος

viejo / joven

αναμμένος / σβηστός

encendido / apagado

ανοιχτός / κλειστός

abierto / cerrado

χαμηλόφωνος /
μεγαλόφωνος
silencioso / ruidoso

πλούσιος / φτωχός

rico / pobre

σωστός / λανθασμένος

correcto / incorrecto

τραχύς / λείος

áspero / suave

λυπημένος / χαρούμενος

triste / contento

κοντός / μακρύς

corto / largo

αργός / γρήγορος

lento / rápido

υγρός / στεγνός

mojado / seco

ζεστός / δροσερός

caliente / frío

πόλεμος / ειρήνη

guerra / paz

αντίθετα - opuestos

0	**1**	**2**
μηδέν	ένα	δύο
cero	uno	dos
3	**4**	**5**
τρία	τέσσερα	πέντε
tres	cuatro	cinco
6	**7**	**8**
έξι	εφτά	οκτώ
seis	siete	ocho
9	**10**	**11**
εννιά	δέκα	έντεκα
nueve	diez	once

12
δώδεκα
doce

13
δεκατρία
trece

14
δεκατέσσερα
catorce

15
δεκαπέντε
quince

16
δεκαέξι
dieciséis

17
δεκαεφτά
diecisiete

18
δεκαοκτώ
dieciocho

19
δεκαεννέα
diecinueve

20
είκοσι
veinte

100
εκατό
cien

1.000
χίλια
mil

1.000.000
εκατομμύριο
millón

Αγγλικά

inglés

Αμερικάνικα Αγγλικά

inglés americano

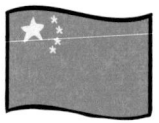

Μανδαρίνικα Κινέζικα

chino mandarín

Χίντι

hindi

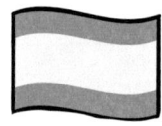

Ισπανικά

español

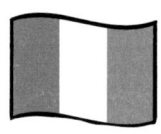

Γαλλικά

francés

Αραβικά

árabe

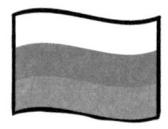

Ρώσικα

ruso

Πορτογαλικά

portugués

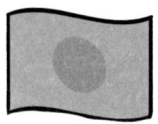

Μπενγκάλι

bengalí

Γερμανικά

alemán

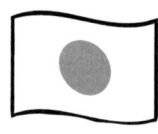

Ιαπωνικά

japonés

εγώ

yo

εσύ

vos

αυτός / αυτή / αυτό

él / ella

εμείς

nosotros

εσείς

ustedes

αυτοί / αυτές / αυτά

ellos

ποιος / ποια / ποιο;

¿quién?

τι;

¿qué?

πώς;

¿cómo?

πού;

¿dónde?

πότε;

¿cuándo?

όνομα

nombre

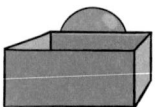

πίσω

detrás

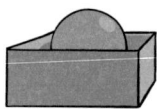

μέσα

en

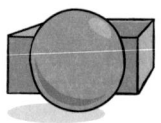

μπροστά

adelante de

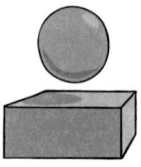

πάνω από

por encima de

πάνω

sobre

κάτω

debajo de

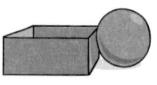

δίπλα

al lado de

ανάμεσα

entre

μέρος

lugar